W0253995

Freigegebene und nicht freigegebene Arzneimittel

Die Gesetzgebung und Rechtsprechung über den Verkehr mit Arzneimitteln außerhalb der Apotheken

Von

Ernst Urban

Redakteur der Pharmazeutischen Zeitung

Siebente Auflage

Nach dem Stande vom 1. Juli 1931

Springer-Verlag Berlin Heidelberg GmbH 1931

ISBN 978-3-662-32156-0 ISBN 978-3-662-32983-2 (eBook)
DOI 10.1007/978-3-662-32983-2

Vorwort.

Der rasche Absatz von sechs Auflagen der Schrift und die fortdauernde weitere Nachfrage beweisen das Bedürfnis für eine zusammenfassende Darstellung der Gesetzgebung und Rechtsprechung über den Verkehr mit Arzneimitteln außerhalb der Apotheken. Ich habe daher die jetzt nötig gewordene siebente Auflage völlig neu bearbeitet und dabei auch den Rahmen etwas weiter gezogen. Abgesehen von der selbstverständlichen Ergänzung durch Aufnahme aller seit Erscheinen der letzten Auflage bekanntgewordenen Bestimmungen und Entscheidungen weist die jetzige Ausgabe folgende Neuerungen auf:

Im Verzeichnis B der Verordnung vom 22. Oktober 1901 sind auch die amtlichen deutschen Bezeichnungen wiedergegeben. Neu ist der zweite Teil „Weitere reichsrechtliche Bestimmungen über den Verkehr mit Arzneimitteln". Wesentlich erweitert bzw. den derzeitigen rechtlichen und tatsächlichen Verhältnissen angepaßt sind die Teile III, IV und VI. In Abschnitt V, dem Hauptteil des Werkchens, sind die bisher aufgeführten zwei Verzeichnisse, dem freien Verkehr entzogene und dem freien Verkehr überlassene Arzneimittel, in eine einzige Liste zusammengezogen worden, da die Trennung nach der Fassung der Urteile sich verschiedentlich nicht mehr aufrecht erhalten ließ. Schließlich ist dem Buche ein Sachverzeichnis beigegeben, in das jedes einzelne auf den vorangegangenen Seiten erwähnte Arzneimittel aufgenommen ist. Dieses umfangreiche Register dürfte die Benutzung des Werkchens wesentlich erleichtern.

Ich darf somit hoffen, daß die auch äußerlich vervollkommnete Schrift, die einen kurzgefaßten und durch Beschränkung auf die Urteile höherer Gerichte besonders objektiven Kommentar zu der Verordnung über den Verkehr mit Arzneimitteln außerhalb der Apotheken darstellt, allen beteiligten Kreisen, vornehmlich Apothekern, Drogisten, Revisoren von Drogengeschäften, Juristen, Gerichts- und Verwaltungsbehörden, sich auch weiterhin, solange die gegenwärtige Rechtsordnung noch besteht, als brauchbarer Führer erweisen wird.

Berlin, im August 1931. **Urban.**

Inhaltsverzeichnis.

I. Verordnung betr. den Verkehr mit Arzneimitteln.

Vom 22. Oktober 1901. In der Fassung der Kaiserlichen Verordnung vom 31. März 1911 und der Verordnungen des Reichspräsidenten vom 18. Februar 1920, 21. April 1921, 31. Juli 1922, 13. Januar 1923, 21. Juni 1923, 16. November 1923, 9. Dezember 1924, 24. Dezember 1924, 27. März 1925, 26. Januar 1929.

Wir Wilhelm, von Gottes Gnaden Deutscher Kaiser, König von Preußen usw., verordnen im Namen des Reichs auf Grund der Bestimmungen im § 6, Abs. 2 der Gewerbeordnung, was folgt[1]):

§ 1. Die in dem angeschlossenen Verzeichnisse A aufgeführten Zubereitungen dürfen, ohne Unterschied, ob sie heilkräftige Stoffe enthalten oder nicht, als Heilmittel (Mittel zur Beseitigung oder Linderung von Krankheiten bei Menschen oder Tieren) außerhalb der Apotheken nicht feilgehalten oder verkauft werden.

Dieser Bestimmung unterliegen von den bezeichneten Zubereitungen, soweit sie als Heilmittel feilgehalten oder verkauft werden,

a. kosmetische Mittel[2]) (Mittel zur Reinigung, Pflege oder Färbung der Haut, des Haares oder der Mundhöhle), Desinfektionsmittel und Hühneraugenmittel nur dann, wenn sie Stoffe enthalten, welche in den Apotheken ohne Anweisung eines Arztes, Zahnarztes oder Tierarztes nicht abgegeben werden dürfen[3]), kosmetische Mittel außerdem auch dann, wenn sie Kreosot, Phenylsalizylat oder Resorzin enthalten;

b. künstliche Mineralwässer nur dann, wenn sie in ihrer Zusammensetzung natürlichen Mineralwässern nicht entsprechen und zugleich Antimon, Arsen, Baryum, Chrom, Kupfer, freie Salpetersäure, freie Salzsäure oder freie Schwefelsäure enthalten.

Auf Verbandstoffe (Binden, Gazen, Watten und dergleichen), auf Zubereitungen zur Herstellung von Bä-

---

[1]) Zur Auslegung der Verordnung vgl. die in Teil V (S. 42 ff.) zusammengestellte Rechtsprechung.

[2]) Weitere Bestimmungen über kosmetische Mittel sind in Teil II (S. 20) abgedruckt.

[3]) Siehe S. 22 ff.

dern sowie auf Seifen zum äußerlichen Gebrauche findet die Bestimmung im Abs. 1 nicht Anwendung.

§ 2. Die in dem angeschlossenen Verzeichnisse B aufgeführten Stoffe dürfen außerhalb der Apotheken nicht feilgehalten oder verkauft werden.

§ 2a. Die in dem Verzeichnis C aufgeführten Stoffe und Zubereitungen dürfen außerhalb der Apotheken nicht feilgehalten oder verkauft werden.

§ 2b. Soweit nach den §§ 1, 2, 2a Zubereitungen und Stoffe dem Verkehr außerhalb der Apotheken entzogen sind, dürfen sie auch von Krankenkassen, Genossenschaften, Vereinen oder ähnlichen Personengesamtheiten an ihre Mitglieder nicht verabfolgt werden.

§ 3. Der Großhandel unterliegt den vorstehenden Bestimmungen nicht. Gleiches gilt für den Verkauf der im Verzeichnisse B aufgeführten Stoffe an Apotheken oder an solche öffentliche Anstalten, welche Untersuchungs- oder Lehrzwecken dienen und nicht gleichzeitig Heilanstalten sind.

§ 5[1]). Die gegenwärtige Verordnung tritt mit dem 1. April 1902 in Kraft. Mit demselben Zeitpunkte treten die Verordnungen, betreffend den Verkehr mit Arzneimitteln, vom 27. Januar 1890, 31. Dezember 1894, 25. November 1895 und 19. August 1897 außer Kraft.

Gegeben Neues Palais, Potsdam, den 22. Oktober 1901.

Wilhelm.

Graf von Posadowsky.

Verzeichnis A

1. Abkochungen und Aufgüsse (decocta et infusa);
2. Ätzstifte (styli caustici);
3. Auszüge in fester oder flüssiger Form (extracta et tincturae), ausgenommen
   Arnikatinktur,
   Baldriantinktur, auch ätherische,
   Benediktineressenz,
   Benzoetinktur,
   Bischofessenz,
   Eichelkaffeeextrakt,
   Fichtennadelextrakt,
   Fleischextrakt,
   Himbeeressig,
   Kaffeeextrakt,
   Lakritzen (Süßholzsaft), auch mit Anis,
   Malzextrakt, auch mit Eisen, Lebertran oder Kalk,

1) § 4 der Verordnung ist durch Kaiserliche Verordnung vom 31. März 1911 aufgehoben worden.

Myrrhentinktur,
Nelkentinktur,
Teeextrakt von Blättern des Teestrauches,
Vanillentinktur,
Wacholderextrakt;

4. Gemenge, trockene, von Salzen oder zerkleinerten Substanzen, oder von beiden untereinander, auch wenn die zur Vermengung bestimmten einzelnen Bestandteile gesondert verpackt sind (pulveres, salia et species mixta), sowie Verreibungen jeder Art (triturationes), ausgenommen:
Brausepulver aus Natriumbikarbonat und Weinsäure, auch mit Zucker oder ätherischen Ölen gemischt,
Eichelkakao, auch mit Malz,
Hafermehlkakao,
Riechsalz,
Salizylstreupulver,
Salze, welche aus natürlichen Mineralwässern bereitet oder den solchergestalt bereiteten Salzen nachgebildet sind,
Schneeberger Schnupftabak mit einem Gehalte von höchstens 3 Gewichtsteilen Nieswurzel in 100 Teilen des Schnupftabaks;

5. Gemische, flüssige, und Lösungen (mixturae et solutiones) einschließlich gemischte Balsame, Honigpräparate und Sirupe, ausgenommen:
Ätherweingeist (Hoffmannstropfen),
Ameisenspiritus,
Aromatischer Essig,
Bleiwasser, mit einem Gehalt von höchstens zwei Gewichtsteilen Bleiessig in 100 Teilen der Mischung,
Eukalyptuswasser,
Fenchelhonig,
Fichtennadelspiritus (Waldwollextrakt),
Franzbranntwein mit Kochsalz,
Kalkwasser, auch mit Leinöl,
Kampferspiritus,
Karmelitergeist,
Lebertran mit ätherischen Ölen,
Mischungen von Ätherweingeist, Kampferspiritus, Seifenspiritus, Salmiakgeist und Spanischpfeffertinktur oder von einzelnen dieser fünf Flüssigkeiten untereinander zum Gebrauche für Tiere, sofern die einzelnen Bestandteile der Mischungen auf den Gefäßen, in denen die Abgabe erfolgt, angegeben werden,
Obstsäfte mit Zucker, Essig oder Fruchtsäuren eingekocht,
Pepsinwein,

Rosenhonig, auch mit Borax,
Seifenspiritus,
weißer Sirup;

6. Kapseln, gefüllte, von Leim (Gelatine) oder Stärkemehl (capsulae gelatinosae et amylaceae repletae), ausgenommen solche Kapseln, welche:
   Brausepulver der unter Nr. 4 angegebenen Art,
   Copaivabalsam,
   Lebertran,
   Natriumbikarbonat,
   Rizinusöl oder
   Weinsäure
   enthalten;
7. Latwergen (electuaria);
8. Linimente (linimenta), ausgenommen flüchtiges Liniment;
9. Pastillen (auch Plätzchen und Zeltchen), Tabletten, Pillen und Körner (pastilli -rotulae et trochisci-tabulettae, pilulae et granula), ausgenommen:
   aus natürlichen Mineralwässern oder aus künstlichen Mineralquellsalzen bereitete Pastillen,
   einfache Molkenpastillen,
   Pfefferminzplätzchen,
   Salmiakpastillen, auch mit Lakritzen und Geschmackzusätzen, welche nicht zu den Stoffen des Verzeichnisses B gehören,
   Tabletten aus Saccharin, Natriumbikarbonat oder Brausepulver, auch mit Geschmackzusätzen, welche nicht zu den Stoffen des Verzeichnisses B gehören;
10. Pflaster und Salben (emplastra et unguenta), ausgenommen:
   Bleisalbe zum Gebrauche für Tiere,
   Borsalbe zum Gebrauche für Tiere,
   Cold-Cream, auch mit Glyzerin, Lanolin oder Vaselin,
   Pechpflaster, dessen Masse lediglich aus Pech, Wachs, Terpentin und Fett oder einzelnen dieser Stoffe besteht,
   englisches Pflaster,
   Heftpflaster,
   Hufkitt,
   Lippenpomade,
   Pappelpomade,
   Salizyltalg,
   Senfleinen,
   Senfpapier,
   Terpentinsalbe zum Gebrauche für Tiere,
   Zinksalbe zum Gebrauche für Tiere;
11. Suppositorien (suppositoria) in jeder Form (Kugeln, Stäbchen, Zäpfchen oder dergleichen) sowie Wundstäbchen (cereoli).

Verzeichnis B.

Bei den mit * versehenen Stoffen sind auch die Abkömmlinge der betreffenden Stoffe sowie die Salze der Stoffe und ihrer Abkömmlinge inbegriffen[1]).

*Acetanilidum	*Antifebrin
Acida chloracetica	Die Chloressigsäuren
Acidum acetylosalicylicum (Aspirinum)	Azetylsalizylsäure (Aspirin)
*— aethylphenylbarbituricum	*Äthylphenylbarbitursäure
— benzoicum e resina sublimatum	Aus dem Harze sublimierte Benzoesäure
— camphoricum	Kampfersäure
— cathartinicum	Kathartinsäure
— cinnamylicum	Zimmtsäure
— chrysophanicum	Chrysophansäure
*— diaethylbarbituricum	*Diäthylbarbitursäure
*— diallylbarbituricum	*Diallylbarbitursäure
*— dibrompropyldiaethylbarbituricum	*Dibrompropyldiäthylbarbitursäure
*— dipropylbarbituricum	*Dipropylbarbitursäure
— hydrobromicum	Bromwasserstoffsäure
— hydrocyanicum	Cyanwasserstoffsäure (Blausäure)
*— lacticum	*Milchsäure
*— osmicum	*Osmiumsäure
— sclerotinicum	Sklerotinsäure
*— sozojodolicum	*Sozojodolsäure
— succinicum	Bernsteinsäure
*— sulfocarbolicum	*Sulfophenolsäure
*— valerianicum	*Baldriansäure
*Aconitinum	*Akonitin
Actolum	Aktol
Adonidinum	Adonidin
Aether bromatus	Äthylbromid
— chloratus	Äthylchlorid
— jodatus	Äthyljodid
Aethyleni praeparata	Die Äthylenpräparate
Aethylidenum bichloratum	Zweifachchloräthyliden
Agaricinum	Agaricin

[1]) Ein Verzeichnis der durch diese Bestimmung dem freien Verkehr entzogenen neueren Arzneimittel ist in Teil IV (S. 31 ff.) abgedruckt.

Airolum	Airol
Aleudrin	Aleudrin
Aluminium acetico-tartaricum	Essigweinsaures Aluminium
Ammonium chloratum ferratum	Eisensalmiak
Amylenchloralum	Amylenchloral
Amylenum hydratum	Amylenhydrat
Amylium nitrosum	Amylnitrit
Anthrarobinum	Anthrarobin
*Apomorphinum	*Apomorphin
Aqua Amygdalarum amararum	Bittermandelwasser
— Lauro-cerasi	Kirschlorbeerwasser
— Opii	Opiumwasser
— vulneraria spirituosa	Weiße Arquebusade
*Arecolinum	*Arekolin
Argentaminum	Argentamin
Argentolum	Argentol
Argoninum	Argonin
Aristolum	Aristol
Arsenium jodatum	Jodarsen
*Atropinum	*Atropin
Betolum	Betol
Bismutum bromatum	Wismutbromid
— oxyjodatum	Wismutoxyjodid
— subgallicum (Dermatolum)	Basisches Wismutgallat (Dermatol)
— subsalicylicum	Basisches Wismutsalicylat
— tannicum	Wismuttannat
Blatta orientalis	Orientalische Schabe
Bromalum hydratum	Bromalhydrat
Bromoformium	Bromoform
*Brucinum	*Brucin
Bulbus Scillae siccatus	Getrocknete Meerzwiebel
Butylchloralum hydratum	Butylchloralhydrat
Camphora monobromata	Einfach-Bromkampfer
Cannabinonum	Kannabinon
Cannabinum tannicum	Kannabintannat
Cantharides	Spanische Fliegen
Cantharidinum	Kantharidin
Cardolum	Kardol
Castoreum canadense	Kanadisches Bibergeil

Castoreum sibiricum	Sibirisches Bibergeil
Cerium oxalicum	Ceriumoxalat
*Chinidinum	*Chinidin
*Chininum	*Chinin
Chinoidinum	Chinoidin
Chloralose	Chloralose
Chloralum formamidatum	Chloralformamid
— hydratum	Chloralhydrat
Chloroformium	Chloroform
Chrysarobinum	Chrysarobin
*Cinchonidinum	*Cinchonidin
Cinchoninum	Cinchonin
*Cocainum	*Kokain
*Coffeinum	*Koffein
Colchicinum	Kolchizin
*Coniinum	*Koniin
Convallamarinum	Konvallamarin
Convallarinum	Konvallarin
Cortex Chinae	Chinarinde
— Condurango	Kondurangorinde
— Granati	Granatrinde
— Mezerei	Seidelbastrinde
Cotoinum	Kotoin
Cubebae	Kubeben
Cuprum aluminatum	Kupferalaun
— salicylicum	Kupfersalizylat
Curare	Kurare
*Curarinum	*Kurarin
Delphininum	Delphinin
*Dial	*Dial
*Dicodid (Dihydrokodeinon)	
*Digitalinum	*Digitalin
*Digitoxinum	*Digitoxin
Dihydromorphinum	Dihydromorphin
*Diogenal	*Diogenal
*Duboisinum	*Duboisin
*Emetinum	*Emetin
*Eucainum	*Eukain
Eucodal	Eucodal
Euphorbium	Euphorbium
Europhenum	Europhen
Fel tauri depuratum siccum	Gereinigte trockene Ochsengalle

Ferratinum	Ferratin
Ferrum arsenicicum	Arsensaures Eisen
— arsenicosum	Arsenigsaures Eisen
— carbonicum saccharatum	ZuckerhaltigesFerrokarbonat
— citricum ammoniatum	Ferri-Ammoniumzitrat
— jodatum saccharatum	Zuckerhaltiges Eisenjodür
— oxydatum dialysatum	Dialysiertes Eisenoxyd
— oxydatum saccharatum	Eisenzucker
— peptonatum	Eisenpeptonat
— reductum	Reduziertes Eisen
— sulfuricum oxydatum ammoniatum	Ferri-Ammoniumsulfat
— sulfuricum siccum	Getrocknetes Ferrosulfat
Flores Cinae	Zitwersamen
— Koso	Kosoblüten
Folia Belladonnae	Belladonnablätter
— Bucco	Buccoblätter
— Cocae	Kokablätter
— Digitalis	Fingerhutblätter
— Jaborandi	Jaborandiblätter
— Rhois toxicodendri	Giftsumachblätter
— Stramonii	Stechapfelblätter
Fructus Papaveris immaturi	Unreife Mohnköpfe
— — maturi ad usum humanum	Reife Mohnköpfe zum Gebrauche für Menschen
Fungus laricis	Lärchenschwamm
Galbanum	Galbanum
Glycopon	Glycopon
*Guajacolum	*Guajakol
Hamamelis virginica	Hamamelis
Haemalbuminum	Hämalbumin
Hedonal	Hedonal
Herba Aconiti	Akonitkraut
— Adonidis	Adoniskraut
— Cannabis indicae	Indischer Hanf
— Cicutae virosae	Wasserschierling
— Conii	Schierling
— Gratiolae	Gottesgnadenkraut
— Hyoscyami	Bilsenkraut
— Lobeliae	Lobelienkraut
Holopon	Holopon
*Homatropinum	*Homatropin
Hydrargyrum aceticum	Quecksilberazetat

Hydrargyrum bijodatum	Quecksilberjodid
— bromatum	Quecksilberbromür
— chloratum	Quecksilberchlorür(Kalomel)
— cyanatum	Quecksilberzyanid
— formamidatum	Quecksilberformamid
— jodatum	Quecksilberjodür
— oleinicum	Ölsaures Quecksilber
— oxydatum via humida paratum	Gelbes Quecksilberoxyd
— peptonatum	Quecksilberpeptonat
— praecipitatum album	Weißer Quecksilberpräzipitat
— salicylicum	Quecksilbersalizylat
— tannicum oxydulatum	Quecksilbertannat
*Hydrastininum	*Hydrastinin
*Hyoscyaminum	*Hyoszyamin
Isopral	Isopral
Itrolum	Itrol
Jodoformium	Jodoform
Jodolum	Jodol
Kairinum	Kairin
Kairolinum	Kairolin
Kalium jodatum	Kaliumjodid
Kamala	Kamala
Kosinum	Kosin
Kreosotum (e ligno paratum)	Holzkreosot
Lactophenium	Laktophenin
Lactucarium	Giftlattichsaft
Larginum	Largin
Laudanon	Laudanon
Lithium benzoicum	Lithiumbenzoat
— salicylicum	Lithiumsalizylat
Losophanum	Losophan
*Luminal	*Luminal
Magnesium citricum effervescens	Brausemagnesia
— salicylicum	Magnesiumsalizylat
Manna	Manna
Medinal	Medinal
Methylenum bichloratum	Methylenbichlorid
Methylsulfonalum (Trionalum)	Methylsulfonal (Trional)
Muscarinum	Muskarin
Narcophin	Narkophin

Natrium aethylatum	Natriumäthylat
— benzoicum	Natriumbenzoat
— jodatum	Natriumjodid
— pyrophosphoricum ferratum	Natrium-Ferripyrophosphat
— salicylicum	Natriumsalizylat
— santoninicum	Santoninsaures Natrium
— tannicum	Natriumtannat
Nirvanol	Nirvanol
*Nosophenum	*Nosophen
Oleum Chamomillae aethereum	Ätherisches Kamillenöl
— Chenopodii anthelminthici	Amerikanisches Wurmsamenöl
— Crotonis	Krotonöl
— Cubebarum	Kubebenöl
— Matico	Matikoöl
— Sabinae	Sadebaumöl
— Santali	Sandelöl
— Sinapis	Senföl
— Valerianae	Baldrianöl
Opium, ejus alcaloida eorumque salia et derivata eorumque salia. (Codeinum, Heroinum, Morphinum, Narceinum, Narcotinum, Peroninum, Thebainum et alia.)	Opium, dessen Alkaloide, deren Salze und Abkömmlinge sowie deren Salze. (Kodein, Heroin, Morphin Narcein, Narkotin, Peronin, Thebain und andere.)
*Optochin	*Optochin
*Orexinum	*Orexin
*Orthoformium	*Orthoform
Pantopon omniaque similia praeparata, quae alcaloidea Opii continent (Glycopon, Holopon usw.)	Pantopon und alle ähnlichen Opiumalkaloide enthaltenden Zubereitungen (z. B. Glykopon, Holopon)
Paracodin	Paracodin
Paracotoinum	Parakotoïn
Paralaudin	Paralaudin
Paraldehydum	Paraldehyd
Paramorfan	Paramorfan
Pasta Guarana	Guarana
*Pelletierinum	*Pelletierin
*Phenacetinum	*Phenazetin
*Phenocollum	*Phenokoll

*Phenylum salicylicum (Salolum)	*Phenylsalizylat (Salol)
*Physostigminum (Eserinum)	*Physostigmin (Eserin)
Picrotoxinum	Pikrotoxin
*Pilocarpinum	*Pilokarpin
*Piperazinum	*Piperazin
Plumbum jodatum	Bleijodid
— tannicum	Bleitannat
Podophyllinum	Podophyllin
Praeparata organotherapeutica	Therapeutische Organpräparate
*Proponal	*Proponal
Propylaminum	Propylamin
Protargolum	Protargol
*Pyrazolonum phenyldimethylicum (Antipyrinum)	*Phenyldimethylpyrazolon (Antipyrin)
Radix Belladonnae	Belladonnawurzel
— Colombo	Kolombowurzel
— Gelsemii	Gelsemiumwurzel
— Ipecacuanhae	Brechwurzel
— Rhei.	Rhabarber
— Sarsaparillae	Sarsaparille
— Senegae	Senegawurzel
Resina Jalapae	Jalapenharz
— Scammoniae	Skammoniaharz
Resorcinum purum	Reines Resorzin
Rhizoma Filicis	Farnwurzel
— Hydrastis	Hydrastisrhizom
— Veratri	Weiße Nieswurzel
Salia glycerophosphorica	Glyzerinphosphorsaure Salze
Salophenum	Salophen
*Salvarsan	
Santoninum	Santonin
*Scopolaminum	*Skopolamin
Secale cornutum	Mutterkorn
Semen Calabar	Kalabarbohne
— Colchici	Zeitlosensamen
— Hyoscyami	Bilsenkrautsamen
— St. Ignatii	St. Ignatiusbohne
— Stramonii	Stechapfelsamen
— Strophanthi	Strophanthussamen
— Strychni	Brechnuß

Sera therapeutica, liquida et sicca et eorum praeparata ad usum humanum.	Flüssige und trockene Heilsera, sowie deren Präparate zum Gebrauche für Menschen
*Sparteinum	*Spartein
Stifte, Sonden oder Meißel aus Laminaria, Tupeloholz oder anderen quellfähigen Stoffen	
Stipites Dulcamarae	Bittersüßstengel
*Strychninum	*Strychnin
*Sulfonalum	*Sulfonal
Sulfur jodatum	Jodschwefel
Summitates Sabinae	Sadebaumspitzen
Tannalbinum	Tannalbin
Tannigenum	Tannigen
Tannoformium	Tannoform
Tartarus stibiatus	Brechweinstein
Terpinum hydratum	Terpinhydrat
Tetronalum	Tetronal
*Thallinum	*Thallin
*Theobrominum	*Theobromin
Thioformium	Thioform
*Tropacocainum	*Tropakokain
Tubera Aconiti	Akonitknollen
— Jalapae	Jalapenwurzel
Flüssige und trockene Tuberkuline sowie alle anderen aus oder unter Verwendung von Tuberkelbazillen gewonnenen Zubereitungen, soweit diese Tuberkuline und Zubereitungen zum Gebrauche beim Menschen bestimmt sind	
*Urea aethylphenylmalonylica	*Äthylphenylmalonylharnstoff
*— diaethylmalonylica	*Diäthylmalonylharnstoff
*— diallylmalonylica	*Diallylmalonylharnstoff
*— dibrompropyldiaethylmalonylica	*Dibrompropyldiäthylmalonylharnstoff
*— dipropylmalonylica	*Dipropylmalonylharnstoff

*Urethanum	*Urethan
*Urotropinum	*Urotropin
Vasogenum et ejus praeparata	Vasogen und dessen Präparate
*Veratrinum	*Veratrin
*Veronal	*Veronal
Xeroformium	Xeroform
*Yohimbinum	*Yohimbin
Zincum aceticum	Zinkazetat
— chloratum purum	Reines Zinkchlorid
— cyanatum	Zinkzyanid
— permanganicum	Zinkpermanganat
— salicylicum	Zinksalizylat
— sulfoichthyolicum	Ichthyolsulfosaures Zink
— sulfuricum purum	Reines Zinksulfat

Verzeichnis C.

Abteilung A.

1. Adlerfluid.
2. Amarol (auch als Ingestol).
3. American coughing cure Lutzes.
4. Anticeltatabletten (auch als Anticelta-Tablets oder Fettreduzierungstabletten der Anticelta-Association).
5. Antidiabeticum Bauers.
6. Antiépileptique Uten.
7. Antigichtwein Duflots (auch als Antigichtwein Oswald Niers oder Vin Duflot).
8. Antihydropsin Bödikers (auch als Wassersuchtselixier oder Hydropsessenz Bödikers).
9. Antimellin (auch als Essentia Antimellini composita).
10. Antineurasthin (auch als Nervennahrung Hartmanns).
11. Antipositin Wagners (auch als Mittel des Dr. Wagner und Marlier gegen Korpulenz).
12. Asthmamittel Hairs (auch als Asthma cure Hairs).
14. Asthmapulver Zematone, auch in Form der Asthmazigaretten Zematone (auch als antiasthmatische Pulver und Zigaretten des Apothekers Escouflaire).
15. Augenwasser Whites (auch als Dr. Whites Augenwasser von Ehrhardt).
16. Ausschlagsalbe Schützes (auch als Universalheilsalbe oder Universalheil- und Ausschlagsalbe Schützes).
17. Balsam Bilfingers.

18. Balsam Pagliano (auch als Tripperbalsam Pagliano).
19. Balsam Thierrys (auch als allein echter Balsam Thierrys, englischer Wunderbalsam oder englischer Balsam Thierrys).
20. Bede-Cur.
21. Beinschäden Indian Bohnerts.
22. Blutreinigungspulver Hohls.
23. Blutreinigungspulver Schützes.
25. Bräune-Einreibung Lamperts (auch als Universal-Bräune-Einreibung und Diphtheritistinktur).
26. Bruchbalsam Tanzers.
27. Bruchsalbe des pharmazeutischen Büros Valkenberg (Valkenburg) in Holland (auch als Pastor Schmits Bruchsalbe).
28. Chromonal-Erzeugnisse (auch als Neo-Chromonal).
29. Corliber.
30. Djoeat Bauers.
31. Elixir Godineau.
32. Embrocation Ellimans (auch als Universal embrocation oder Ellimans Universal-Einreibemittel für Menschen), ausgenommen Embrocation etc. for horses.
33. Entfettungstee Grundmanns.
34. Epilepsieheilmittel Quantes (auch als Spezifikum oder Gesundheitsmittel Quantes).
35. Epilepsiepulver Cassarinis (auch als Polveri antiepilettiche Cassarinis).
36. Eubalsol (auch als Radikalmittel Dr. Dammanns gegen Gonorrhöe).
37. Euergon.
38. Eukalyptusmittel Heß' (Eukalyptol und Eukalyptusöl Heß').
39. Eusanol (auch als Epilepsiemittel Dr. H. Seemanns oder Ueckers).
40. Excedol.
41. Ferrolin Lochers.
42. Frauenwohl Dr. Heys.
43. Fulgural (auch als Blutreinigungsmittel Steiners und Schulzes).
44. Gehöröl Schmidts (auch als verbessertes Gehöröl Schmidts).
45. Gloria tonic Smiths.
46. Glycosolvol Lindners (auch als Antidiabeticum Lindners).
46a. Haemasal (auch als Dr. Schultheiß' blutreinigendes und nervenstärkendes Haemasal).
47. Haematon Haitzemas.

47a. Heilmittel des Grafen Mattei (auch als Graf Cesare Matteische elektro-homöopathische Heilmittel).
48. Heiltränke Jakobis (auch als Heiltrankessenz, insbesondere Königstrank Jakobis).
49. Homeriana (auch als Brusttee Homeriana oder russischer Knöterich Polygonum aviculare Homeriana).
50. Hustentropfen Lausers.
51. Injection Brou (auch als Brousche Einspritzung).
52. Injection au matico (auch als Einspritzung mit Matiko).
53. Johannistee Brockhaus' (auch als Galeopsis ochroleuca vulcania der Firma Brockhaus).
54. Kalosin Lochers.
55. Kava Lahrs (auch als Kavakapseln Lahrs, Sanatol Lahrs mit Kavaharz oder Kavaharz Lahrs mit Sanatol).
56. Knöterichtee, russischer, Weidemanns (auch als russischer Knöterich- oder Brusttee Weidemanns).
56a. Komplexmittel, homöopathische, der Engelapotheke (Iso-Werks) in Regensburg (auch als zusammengesetzt-homöopathische oder elektro-homöopathische Mittel System Mattei).
57. Kräutergeist Schneiders (auch als wohlriechender Kräutergeist oder Luisafluid Schneiders).
58. Kräuterpillen Burkharts.
59. Krebsmittel Dr. Heys (auch als Krebskur Dr. Heys).
60. Kronessenz, Altonaer (auch als Kronessenz oder Menadiesche oder Altonaische Wunder-Kronessenz).
61. Kropfkur Haigs (auch als Goitre-cure oder Kropfmedizin Haigs).
62. Kurmittel Mayers gegen Zuckerkrankheit.
63. Lungenelixier Dr. Heys.
64. Magenpillen Tachts.
65. Magentropfen Bradys (auch als Mariazeller Magentropfen Bradys).
66. Magolan (auch als Antidiabeticum Braemers).
67. Margonal-Erzeugnisse (auch als Erzeugnisse der Margonal-Compagnie), und zwar: Boldo-Tee, Frauen- und Mutterkraut-Tee, Menstruations-, Badekraut-Tee, 63 Tees gegen 63 Krankheiten, Breboral-, Blut- und Nervennahrung (Breboral-Tabletten und Tropfen), Injektion Trio, Kapseln gegen Harn- und Blasenleiden, Margoglykose, Mittel gegen chronischen Magenkatarrh und Schutzstäbchen.
68. Mother Seigels pills (auch als Mother Seigels Abführungspillen oder operating pills).

69. Mother Seigels syrup (auch als Mother Seigels curative syrup of dyspepsia, Extract of American roots oder Mutter Seigels heilender Sirup).
70. Naturmittel Pfarrer Jos. Schmidts, und zwar Anticonvulso, Anticorposan, Antigrassol. Cancrostoma, Dianetum, Diabetol, Oedemal, Oedemasan, Pulmone, Pulmospira, Regular, Renicura, Renicurol, Salvador, Salvadoria, Stomafortin, Stomasana, Urinator, Urinoxal.
71. Nervenfluid Dressels.
72. Nervenkraftelixier Liebers.
73. Nervenstärker Pastor Königs (auch als Pastor Königs Nerve Tonic).
75. Nervicin.
76. Nervol Rays.
77. Orffin (Baumann Orffsches Kräuternährpulver).
78. Oxallo (auch als Oxalka).
79. Pektoral Bocks (auch als Hustenstiller Bocks).
80. Pillen Beechams (auch als Patent pills Beechams).
81. Pillen, indische (auch als Antidysentericum).
82. Pillen Rays (auch als Darm- und Leberpillen Rays).
83. Pilules du Docteur Laville (auch als Pillen Lavilles).
84. Polypec (auch als Naturkräutertee Weidemanns).
85. Rad-Jo (auch als Radjovis-Gonie).
86. Reduktionspillen, Marienbader, Schindler-Barnaysche (auch als Marienbader Reduktionspillen für Fettleibige).
87. Regenerator Dr. Heys.
88. Regenerator Liebauts (auch als Regenerator nach Liebaut).
89. Renascin (auch als verbessertes Renascin).
90. Retterspitzwasser Schecks (auch als Heilwickelbäder von M. Retterspitz).
91. Rongoasalbe.
92. Saccharosalvol.
93. Safe remedies Warners (Safe cure, Safe diabetic, Safe nervine, Safe pills).
94. Sanjana-Präparate (auch als Sanjana-Spezifika).
95. Sarsaparillian Ayers (auch als Ayers zusammengesetzter und gemischter Sarsaparilleextrakt).
96. Sauerstoffpräparate der Sauerstoffheilanstalt Vitafer.
98. Schlagwasser Weißmanns.
99. Sirup Pagliano (auch als Sirup Pagliano Blutreinigungsmittel, Blutreinigungs- und Bluterfrischungssirup Pagliano des Prof. Girolamo Pagliano oder Sirup Pagliano von Prof. Ernesto Pagliano).

100. Spermatol (auch als Stärkungselixier Gordons).
101. Spezialtees Lücks (auch als Spezialkräutertees Lücks).
101a. Sternmittel, Genfer, Sauters (auch als elektro-homöopathische Sternmittel von Sauter in Genf oder Neue elektro-homöopathische Sternmittel usw.).
102. Sterntee Weidhaas' (auch als Sterntee des Kurinstituts „Spiro Spero").
103. Stroopal (auch als Heilmittel Stroops gegen Krebs-, Magen- und Leberleiden oder Stroops Pulver).
104. Tee Puhlmanns.
105. Tuberkeltod (auch als Eiweiß-Kräuterkognak-Emulsion Stickes).
106. Vater Philipp-Salbe.
107. Venecin (auch als Venecin-Brunnen).
108. Vin Mariani (auch als Marianiwein).
109. Visnervin (auch in abgeänderter Form als Nervisan).
110. Vulneralcreme (auch als Wundcreme Vulneral).
111. Wunderbalsam jeder Art.
112. Zambakapseln Lahrs.

Abteilung B.

1. Antineon Lochers.
2. Asthmamittel Tuckers (auch als Asthma-Heilmethode [Spezific] Tuckers).
3. Asthmapulver M. Schiffmanns.
4. Augenheilbalsam, vegetabilischer, Reichels (auch als Ophthalmin Reichels).
5. Bandwurmmittel Friedrich Horns.
6. Bandwurmmittel Theodor Horns.
7. Bandwurmmittel Konetzkys (auch als Konetzkys Helminthenextrakt).
8. Bandwurmmittel Schneiders (auch als Granatkapseln Schneiders).
9. Bandwurmmittel Violanis.
10. Bromidia Battle und Komp.
11. Cathartic pills Ayers (auch als Reinigungspillen oder abführende Pillen Ayers).
12. Diphtherietropfen der Marie Osterberg (auch als Universaltropfen der Marie Osterberg oder des Laboratoriums Osterberg).
13. Diphtheritismittel Noortwycks (auch als Noortwycks antiseptisches Mittel gegen Diphtherie).

14. Gesundheitshersteller, natürlicher, Winters (auch als Nature health restorer Winters).
15. Gicht- und Rheumatismuslikör, amerikanischer, Latons (auch als Remedy Latons).
16. Gout and rheumatic pills Blairs.
18. Heilmittel Kidds (auch als Heilmittel der Davis Medialc Co.).
19. Kolkodin Heuschkels (auch als Mittel Heuschkels gegen Pferdekolik).
21. Kräutersaft, wunderbar wirkender, Sprengels.
22. Krebspulver Frischmuths (auch als Mittel Frischmuths gegen Krebsleiden).
23. Liqueur du Docteur Laville (auch als Likör des Dr. Laville).
24. Lymphol Rices (auch als Bruchheilmittel Rices).
25. Magalia-Erzeugnisse Krahes (auch als Heilpräparate oder Medizinen Krahes), einschließlich Antitoxinal und Pulmersal
26. Nalther-Tabletten.
27. Noordyl (auch als Noordyltropfen Nootwycks).
28. Oculin Carl Reichels (auch als Augensalbe Oculin).
29. Panchymagogum Dr. Heys.
30. Pillen Morisons.
31. Pillen Redlingers (auch als Redlingersche Pillen).
32. Pink-Pillen Williams' (auch als Pilules Pink pour personnes pâles du Dr. Williams).
33. Reinigungskuren Konetzkys (auch als Reinigungskuren der Kuranstalt Neuallschwil, Schweiz).
34. Remedy Alberts (auch als Rheumatismus- und Gichtheilmittel Alberts).
36. Vixol (auch als Asthmamittel der Vixol-Syndicate).

Abteilung C.

1. Mittel gegen Blutstockung, und zwar auch dann, wenn sie als Mittel gegen Regel-, Perioden- oder Menstruationsstörungen angekündigt werden (z. B. die Margonal-Erzeugnisse Frauen- und Mutterkraut-Tee, Menstruations-, Badekraut-Tee).
2. Mittel gegen Trunksucht (z. B. Mittel des Alkolin-Instituts. Mittel Burghardts — auch als Diskohol —. Mittel August Ernsts, Franks, Theodor Heintz'. Konetzkys — auch als Kephalginpulver oder Mittel der Privatanstalt Villa Christina —, Mittel der Gesellschaft Sanitas, Josef Schneiders. Wessels, Cozapulver, Trinkerhilfe Richard Oldenburgs Kasankha).

II. Weitere reichsrechtliche Bestimmungen über den Verkehr mit Arzneimitteln[1]).

1. Strafgesetzbuch für das Deutsche Reich.

Vom 15. Mai 1871.

§ 367. Mit Geldstrafe bis zu 150 RM. oder mit Haft wird bestraft:

3. wer ohne polizeiliche Erlaubnis Gift oder Arzneien, soweit der Handel mit denselben nicht freigegeben ist, zubereitet, feilhält, verkauft oder sonst an andere überläßt;

5. wer bei der Aufbewahrung oder bei der Beförderung von Giftwaren, Schießpulver oder Feuerwerken, oder bei der Aufbewahrung, Beförderung, Verausgabung oder Verwendung von Sprengstoffen oder anderen explodierenden Stoffen, oder bei Ausübung der Befugnis zur Zubereitung oder Feilhaltung dieser Gegenstände sowie der Arzneien die deshalb ergangenen Verordnungen nicht befolgt.

2. Gewerbeordnung für das Deutsche Reich.

Vom 26. Juli 1900.

§ 56. Beschränkungen, vermöge deren gewisse Waren von dem Feilhalten im stehenden Gewerbebetriebe ganz oder teilweise ausgeschlossen sind, gelten auch für deren Feilbieten im Umherziehen.

Ausgeschlossen vom Ankauf oder Feilbieten im Umherziehen sind...

9. Gifte und gifthaltige Waren, Arznei- und Geheimmittel[2]) sowie Bruchbänder.

---

1) Die Landesgesetzgebung ist nicht berechtigt, irgendwelche Arzneimittel dem freien Verkehr zu entziehen. Wenn daher die im Sommer 1929 in den meisten Ländern erlassenen Vorschriften über Impfstoffe und Sera in § 21 besagen, daß Erzeugnisse der in der Einleitung bezeichneten Art, die zur Anwendung beim Menschen bestimmt sind, außerhalb des Großhandels nur durch Apotheken abgegeben werden dürfen, so ist diese Bestimmung hinsichtlich aller derjenigen Erzeugnisse, die nicht sowieso schon durch die Verordnung vom 22. Oktober 1901 und deren Ergänzungen den Apotheken vorbehalten sind, rechtsunwirksam, so insbesondere hinsichtlich aller Schutzsera.

2) Nach der Rechtsprechung fallen unter diese Bestimmung auch die dem freien Verkehr überlassenen Arznei- und Geheimmittel.

3. Gesetz betr. die Verwendung gesundheitsschädlicher Farben bei der Herstellung von Nahrungsmitteln, Genußmitteln und Gebrauchsgegenständen.

Vom 5. Juli 1887.

§ 1. Gesundheitsschädliche Farben dürfen zur Herstellung von Nahrungs- und Genußmitteln, welche zum Verkaufe bestimmt sind, nicht verwendet werden.

Gesundheitsschädliche Farben im Sinne dieser Bestimmung sind diejenigen Farbstoffe und Farbzubereitungen, welche Antimon, Arsen, Barium, Blei, Cadmium, Chrom, Kupfer, Quecksilber, Uran, Zink, Zinn, Gummigutti, Korallin, Pikrinsäure enthalten.

§ 3. Zur Herstellung von kosmetischen Mitteln (Mitteln zur Reinigung, Pflege oder Färbung der Haut, des Haares oder der Mundhöhle), welche zum Verkauf bestimmt sind, dürfen die im § 1 Abs. 2 bezeichneten Stoffe[1]) nicht verwendet werden.

Auf schwefelsaures Barium (Schwerspat, blanc fixe), Schwefelcadmium, Chromoxyd, Zinnober, Zinkoxyd, Zinnoxyd, Schwefelzink, sowie auf Kupfer[2]), Zinn, Zink und deren Legierungen in Form von Puder findet diese Bestimmung nicht Anwendung.

4. Gesetz über das Branntweinmonopol.

Vom 8. April 1922.

§ 115. Nahrungs- und Genußmittel — insbesondere weingeisthaltige Getränke —, Heil-, Vorbeugungs- und Kräftigungsmittel, Riechmittel und Mittel zur Reinigung, Pflege oder Färbung der Haut, des Haares, der Nägel oder der Mundhöhle dürfen nicht so hergestellt werden, daß sie Methylalkohol

---

[1]) Aus der Rechtsprechung der oberen Gerichte ergibt sich hierzu folgender Grundsatz: Unter „Stoffen", die nach § 3 des Farbengesetzes in kosmetischen Mitteln nicht enthalten sein dürfen, sind nicht nur „Farbstoffe", sondern die in § 1 Abs. 2 des Gesetzes genannten Körper: Antimon, Arsen usw. als solche einschließlich ihrer chemischen Verbindungen zu verstehen.

[2]) In einem Erlaß vom 17. Januar 1928 ersucht der Reichsminister des Innern vorbehaltlich der endgültigen Regelung bei Revision des Farbengesetzes, die Polizeibehörden und Untersuchungsanstalten anzuweisen, die Herstellung, den Vertrieb und die Verwendung kupferhaltiger Haarfärbemittel nicht zu beanstanden. Voraussetzung ist dabei, daß die Färbemittel keine anderweit bedenklichen Stoffe enthalten und insbesondere frei von Paraphenylendiamin sowie seinen Salzen, Lösungen und Zubereitungen sind.

enthalten. Zubereitungen dieser Art, die Methylalkohol enthalten, dürfen nicht in den Verkehr gebracht oder aus dem Ausland eingeführt werden.

Die Vorschriften des Abs. 1 finden keine Anwendung:

1. auf Formaldehydlösungen und auf Formaldehydzubereitungen, deren Gehalt an Methylalkohol auf die Verwendung von Formaldehydlösungen zurückzuführen ist,

2. auf Zubereitungen, in denen technisch nicht vermeidbare geringe Mengen von Methylalkohol sich aus darin enthaltenen Methylverbindungen gebildet haben oder durch andere mit der Herstellung verbundene natürliche Vorgänge entstanden sind.

Als Methylalkohol im Sinne dieser Vorschrift gilt auch Holzgeist.

5. Verordnung über den Verkehr mit Süßstoff.

Vom 4. August 1926.

§ 3. Dulcin darf im Einzelhandel nur von Apotheken abgegeben werden, und zwar in Mengen über 1 g nur auf ärztliche Anweisung.

§ 7. Abs. 3. Arzneiliche Zubereitungen, die mehr als 0,3 g Dulcin in 1 Liter oder 1 kg enthalten, dürfen nur auf ärztliche Anweisung abgegeben werden.

III. Verzeichnis der der Rezeptur in Apotheken vorbehaltenen Arzneimittel.

Nach den Vorschriften betr. die Abgabe stark wirkender Arzneimittel in den Apotheken vom 19. März 1931 (a), der Verordnung über das Verschreiben Betäubungsmittel enthaltender Arzneien und ihre Abgabe in den Apotheken vom 19. Dezember 1930 (b), sowie den Vorschriften über den Verkehr mit Geheimmitteln und ähnlichen Arzneimitteln (c), mit Impfstoffen und Sera, Tuberkulinen, Süßstoff und Quellstiften (d)[1].

Kosmetische, Desinfektions- und Hühneraugenmittel, die einen oder mehrere nachstehender Stoffe enthalten, sind, soweit sie als Heilmittel feilgehalten oder verkauft werden, nach § 1 Abs. 2a der Verordnung vom 22. Oktober 1901 (siehe S. 1) dem freien Verkehr entzogen.

Aus den Vorschriften, betr. die Abgabe stark wirkender Arzneimittel in den Apotheken vom 19. März 1931.

§ 1. Die in dem beiliegenden Verzeichnis aufgeführten Drogen und Präparate sowie die solche Drogen oder Präparate enthaltenden Zubereitungen dürfen nur auf schriftliche, mit Datum und Unterschrift versehene Anweisung (Rezept) eines Arztes, Zahnarztes oder Tierarztes — in letzterem Falle jedoch nur zum Gebrauch in der Tierheilkunde — als Heilmittel an das Publikum abgegeben werden.

§ 2. Die Bestimmungen im § 1 finden keine Anwendung auf solche Zubereitungen, welche nach den auf Grund des § 6 Abs. 2 der Reichsgewerbeordnung erlassenen Verordnungen auch außerhalb der Apotheken als Heilmittel feilgehalten und verkauft werden dürfen.

§ 7. Homöopathische Zubereitungen in Verdünnungen oder Verreibungen, welche über die dritte Dezimalpotenz hinausgehen, unterliegen den Vorschriften der §§ 1 bis 5 nicht.

§ 8. Die Vorschriften über den Handel mit Giften werden durch die Bestimmungen der §§ 1 bis 7 nicht berührt.

---

[1]) Es kennzeichnen

gewöhnliche Schrift die Mittel der Vorschriften zu a,
halbfette " " " " " " b,
schräge " " " " " " c,
gesperrte " " " " " " d.

Verzeichnis der der Rezeptur in Apotheken vorbehaltenen Arzneimittel.

Acedicon und seine Salze.
Acetanilidum (Antifebrin).
Acetum Digitalis.
Acetyl-demethylo-dihydrothebain (Acedicon) und seine Salze.
Acidum agaricinicum.
Acidum diaethylbarbituricum et ejus salia.
Acidum diallylbarbituricum et ejus salia.
Acidum dibrompropyl-diaethylbarbituricum et ejus salia.
Acidum dipropylbarbituricum et ejus salia.
Acidum hydrocyanicum et ejus salia.
Acidum osmicum et ejus salia.
Acidum phenylaethylbarbituricum et ejus salia.
Aconitinum, Aconitini derivata et eorum salia.
Aether bromatus.
Aethyleni praeparata, ausgenommen zum äußeren Gebrauch in Mischungen mit Öl oder Weingeist, welche nicht mehr als 50 Gewichtsteile des Äthylenpräparats in 100 Gewichtsteilen Mischung enthalten.
Aethylidenum bichloratum.
Aethylmorphinum et ejus salia (Dionin usw.).
Aleudrin.
American coughing cure Lutzes.
Amylenchloralum.
Amylenum hydratum.
Amylium nitrosum.
Antineon Lochers.
Antitoxinal.
Apomorphinum et ejus salia.
Aqua Amygdalarum amararum.
Aqua Laurocerasi.
Arecolinum et ejus salia.
Argentum nitricum, ausgenommen zum äußeren Gebrauche.
Arsenium et ejus praeparata.
Askaridol.
Aspidinolfilicinum oleo solutum.
Asthmamittel Tuckers (auch als Asthma-Heilmethode [Spezific] Tuckers).
Asthmapulver M. Schiffmanns.
Asthmapulver Zematone, auch in Form der Asthmazigaretten

Zematone (auch als antiasthmatische Pulver und Zigaretten des Apothekers Escouflaire).

Atropinum et ejus salia.

Augenheilbalsam, vegetabilischer, Reichels (auch als Ophthalmin Reichels).

Auro-Natrium chloratum.

Ausschlagsalbe Schützes (auch als Universalheilsalbe oder Universalheil- und Ausschlagsalbe Schützes).

Bandwurmmittel Friedrich Horns.

Bandwurmmittel Theodor Horns.

Bandwurmmittel Konetzkys (auch als Konetzkys Helminthenextrakt).

Bandwurmmittel Schneiders (auch als Granatkapseln Schneiders).

Bandwurmmittel Violanis.

Banisterinum et ejus salia.

Benzylmorphinum et ejus salia (Peronin usw.).

Bromidia Battle und Komp.

Bromoformium.

Brucinum et ejus salia.

Butylchloralum hydratum.

Cantharides, ausgenommen zum äußeren Gebrauche.

Cantharidinum.

Carboneum tetrachloratum, ausgenommen zum äußeren Gebrauche.

Cathartic pills Ayers (auch als Reinigungspillen oder abführende Pillen Ayers).

Chloralose.

Chloralum hydratum.

Chloroformium, ausgenommen zum äußeren Gebrauch in Mischungen mit Öl oder Weingeist, welche nicht mehr als 50 Gewichtsteile Chloroform in 100 Gewichtsteilen Mischung enthalten.

Codeinum et ejus salia omniaque alia alcaloidea Opii hoc loco non nominata eorumque salia, ausgenommen Morphin und dessen Salze,

Colchicinum.

Coniinum et ejus salia.

Cuprum salicylicum, ausgenommen zum äußeren Gebrauche.

Cuprum sulfocarbolicum, ausgenommen zum äußeren Gebrauche.

Curare et ejus praeparata.

Daturinum.

Dial et ejus salia.

Diazetylmorphin (Heroin) und seine Salze.
Dicodid und seine Salze.
Digitalinum, Digitalini derivata et eorum salia.
Dihydrokodeinon (Dicodid) und seine Salze.
Dihydromorphin (Paramorfan) und seine Salze.
Dihydromorphinon (Dilaudid) und seine Salze.
Dihydrooxykodeinon (Eukodal) und seine Salze.
Dilaudid und seine Salze.
Diogenal et ejus salia.
Diphtherietropfen der Marie Osterberg (auch als Universaltropfen der Marie Osterberg oder des Laboratoriums Osterberg).
Diphtheritismittel Noortwycks (auch als Noortwycks antiseptisches Mittel gegen Diphtherie).
Dulcin in Mengen über 1 g, sowie arzneiliche Zubereitungen, die mehr als 0,3 g Dulcin in 1 Liter oder 1 kg enthalten.
Ekgonin und seine Salze.
Emetinum et ejus salia.
Eukodal und seine Salze.
Extractum
- Aconiti.
- Belladonnae, ausgenommen in Pflastern und Salben.
- Calabar Seminis.
- Colocynthidis.
- Colocynthidis compositum.
- Conii, ausgenommen in Salben.
- Digitalis, ausgenommen in Salben.
- Filicis.
- Hydrastis.
- Hydrastis fluidum.
- Hyoscyami, ausgenommen in Salben.
- Ipecacuanhae.
- Lactucae virosae.
- Pulsatillae.
- Sabinae, ausgenommen in Salben.
- Scillae.
- Secalis cornuti.
- Secalis cornuti fluidum.
- Stramonii.
- Strychni.

Folia Belladonnae, ausgenommen in Pflastern und Salben und als Zusatz zu erweichenden Kräutern.
Folia Coca.

Folia Digitalis.
Folia Hyoscyami.
Folia Stramonii, ausgenommen zum Rauchen und Räuchern.
Fructus
  Colocynthidis.
  Colocynthidis praeparati.
  Papaveris immaturi und die daraus hergestellten Zubereitungen.
  Papaveris maturi und die daraus hergestellten Zubereitungen.
Gesundheitshersteller, natürlicher, Winters (auch als Nature health restorer Winters).
Gicht- und Rheumatismuslikör, amerikanischer, Latons (auch als Remedy Latons).
Glandulae Thyreoideae siccatae.
Gout and rheumatic pills Blairs.
Gutti.
Harminum et ejus salia.
Hedonal.
Heilmittel Kidds (auch als Heilmittel der Davis Medical Co.).
Herba Cannabis indicae und die daraus hergestellten Zubereitungen (z. B. Indischhanfextrakt und Indischhanftinktur) und Präparate (z. B. Gerbsaures Cannabin und Cannabinon), ausgenommen zum äußeren Gebrauche.
Herba Conii, ausgenommen in Pflastern und Salben und als Zusatz zu erweichenden Kräutern.
Herba Hyoscyami, ausgenommen in Pflastern und Salben und als Zusatz zu erweichenden Kräutern.
Herba Lobeliae, ausgenommen zum Rauchen und Räuchern.
Heroin und seine Salze.
Homatropinum et ejus salia.
Hydrargyri praeparata postea non nominata, ausgenommen als graue Quecksilbersalbe mit einem Gehalte von nicht mehr als 10 Gewichtsteilen Quecksilber in 100 Gewichtsteilen Salbe sowie Quecksilberpflaster.
Hydrargyrum
  bichloratum.
  bijodatum.
  chloratum.
  cyanatum.
  jodatum.
  nitricum (oxydulatum).
  oxycyanatum.

Hydrargyrum
oxydatum, ausgenommen als rote Quecksilbersalbe mit einem Gehalte von nicht mehr als 5 Gewichtsteilen Quecksilberoxyd in 100 Gewichtsteilen Salbe.
praecipitatum album, ausgenommen als weiße Quecksilbersalbe mit einem Gehalte von nicht mehr als 5 Gewichtsteilen Präzipitat in 100 Gewichtsteilen Salbe.
salicylicum.
Hydrastininium chloratum.
Hyoscinum (Duboisinum) et ejus salia.
Hyoscyaminum (Duboisinum) et ejus salia.
Impfstoff (Kuhpockenlymphe).
Impfstoffe und ihre Zubereitungen zur Anwendung beim Menschen, soweit sie nicht dem freien Verkehrüberlassen sind.
Insuline und andere entsprechende aus der Bauchspeicheldrüse (Pankreas) hergestellte Präparate, wie Pankreashormon Norgina usw., sofern sie zu Einspritzungen unter die Haut bestimmt sind.
Isopral.
Kalium dichromicum.
Kokain und seine Salze.
Kolkodin Heuschkels (auch als Mittel Heuschkels gegen Pferdekolik).
Kräutersaft, wunderbar wirkender, Sprengels.
Krebspulver Frischmuths (auch als Mittel Frischmuths gegen Krebsleiden).
Kreosotum, ausgenommen zum äußeren Gebrauch in Lösungen, welche nicht mehr als 50 Gewichtsteile Kreosot in 100 Gewichtsteilen Lösung enthalten.
Kropfkur Haigs (auch als Goitre-cure oder Kropfmedizin Haigs).
Lactucarium.
Laudanon und ähnliche Zubereitungen.
Liqueur du Docteur Laville (auch als Likör des Dr. Laville).
Liquor Kalii arsenicosi.
Lobelinum et ejus salia.
Luminal et ejus salia.
Lymphol Rices (auch als Bruchheilmittel Rices).
Magalia-Erzeugnisse Krahes (auch als Heilpräparate oder Medizinen Krahes), einschließlich Antitoxinal und Pulmersal.
Medinal.
Methylsulfonalum.
Morphin und seine Salze.
Morphinester und ihre Salze.

Nalther-Tabletten.
Narcophin.
Natrium diaethylbarbituricum.
Natrium nitrosum.
Natrium salicylicum.
Nicotinum et ejus salia, ausgenommen in Zubereitungen zum äußeren Gebrauche bei Tieren.
Nirvanol.
Nitroglycerinum.
Noordyl (auch als Noordyltropfen Noortwycks).
Oculin Carl Reichels (auch als Augensalbe Oculin).
Oleum Amygdalarum aethereum, sofern es nicht von Zyanverbindungen befreit ist.
Oleum Chenopodii anthelminthici.
Oleum Crotonis.
Oleum Sabinae.
Opium (Rohopium).
Opium pulveratum (Opium für medizinische Zwecke).
Optochin ejusque salia et derivata.
Panchymagogum Dr. Heys.
Pantopon und ähnliche Zubereitungen.
Papaverinum et ejus salia.
Paracodin.
Paraldehyd.
Paramorfan und seine Salze.
Phosphorus.
Physostigminum et ejus salia.
Picrotoxinum.
Pillen Morisons.
Pillen Redlingers (auch als Redlingersche Pillen).
Pilocarpinum et ejus salia.
Pink-Pillen Williams' (auch als Pilules Pink pour personnes pâles du Dr. Williams).
Plumbum aceticum.
Plumbum jodatum.
Podophyllinum.
Proponal et ejus salia.
Pulmersal.
Radix Ipecacuanhae.
Reinigungskuren Konetzkys (auch als Reinigungskuren der Kuranstalt Neuallschwil, Schweiz).
Remedy Alberts (auch als Rheumatismus- und Gichtheilmittel Alberts).

Resina Jalapae, ausgenommen in Jalapenpillen, welche nach Vorschrift des Deutschen Arzneibuches angefertigt sind.

Resina Scammoniae.

Rhizoma Filicis.

Rhizoma Veratri, ausgenommen zum äußeren Gebrauche für Tiere.

Rohkokain.

Santoninum, ausgenommen in Zeltchen, Pastillen, Tabletten und anderen gebrauchsfertigen dosierten Arzneiformen zum Einnehmen, welche nicht mehr als je 0,05 g Santonin enthalten.

Scopolaminum hydrobromicum.

Secale cornutum.

Semen Colchici.

Semen Strychni.

Sera und ihre Zubercitungen sowie serumähnliche aus Blut, Organen, Organteilen, Organsekreten gewonnene Erzeugnisse und ihre Zubereitungen, zum Heilgebrauch für Menschen.

Sirup Pagliano (auch als Sirup Pagliano Blutreinigungsmittel, Blutreinigungs- und Bluterfrischungssirup Pagliano des Prof. Girolamo Pagliano oder Sirup Pagliano von Prof. Ernesto Pagliano).

Stifte, Sonden oder Meißel aus Laminaria, Tupeloholz oder anderen quellfähigen Stoffen.

Strophanthina omnia.

Strychninum et ejus salia.

Sulfonalum.

Sulfur jodatum.

Summitates Sabinae.

Suprarenin (Adrenalin, Epirenan usw.).

Tartarus stibiatus.

Tetronal.

Thallinum et ejus salia.

Theophyllinum et ejus salia (Theocin usw.).

Thyreoideae praeparata.

Tinctura
- Aconiti.
- Belladonnae.
- Cantharidum.
- Colchici.
- Colocynthidis.
- Digitalis.
- Digitalis aetherea.

Tinctura
Gelsemii.
Ipecacuanhae.
Jalapae Resinae.
Jodi, ausgenommen zum äußeren Gebrauche.
Lobeliae.
Scillae.
Scillae kalina.
Secalis cornuti.
Stramonii.
Strophanthi.
Strychni.
Strychni aetherea.
Veratri, ausgenommen zum äußeren Gebrauch.
Trional.
Trunksuchtsmittel Franks.
Tubera Aconiti.
Tubera Jalapae, ausgenommen in Jalapenpillen, welche nach Vorschrift des Deutschen Arzneibuches angefertigt sind.
Flüssige und trockene Tuberkuline sowie alle anderen aus oder unter Verwendung von Tuberkelbazillen hergestellten Mittel und deren Zubereitungen, soweit sie zum Gebrauch für Menschen bestimmt sind.
Urea diaethylmalonylica et ejus salia.
Urea diallylmalonylica et ejus salia.
Urea dibrompropyldiaethylmalonylica et ejus salia.
Urea dipropylmalonylica et ejus salia.
Urea phenylaethylmalonylica et ejus salia.
Urethanum.
Veratrinum et ejus salia.
Veronal et ejus salia.
Vinum Colchici.
Vinum Ipecacuanhae.
Vinum stibiatum.
Vixol (auch als Asthmamittel der Vixol-Syndikate).
Yohimbinum et ejus salia.
Zincum aceticum.
Zincum chloratum.
Zincum lacticum omniaque Zinci salia hoc loco non nominata, quae sunt in aqua solubilia.
Zincum sulfocarbolicum, ausgenommen bei Verwendung der vorgenannten und der übrigen in Wasser löslichen Zinksalze zum äußeren Gebrauche.

IV. Neuere Arzneimittel, die dem freien Verkehr entzogen sind.

In dem Verzeichnis B der Verordnung vom 22. Oktober 1901 sind 67 Stoffe mit einem Sternchen versehen, und bei diesen sind nach der vorgedruckten Bestimmung „auch die Abkömmlinge der betreffenden Stoffe, sowie die Salze der Stoffe und ihrer Abkömmlinge inbegriffen". Diese 67 Stoffe sind folgende (in der sechsten Ausgabe des Deutschen Arzneibuches ist die Nomenklatur zum Teil eine andere, was aber sachlich nichts ändert):

Acetanilidum
Acidum aethylphenylbarbituricum
— diaethylbarbituricum
— diallylbarbituricum
— dibrompropyldiaethylbarbituricum
— dipropylbarbituricum
— lacticum
— osmicum
— sozojodolicum
— sulfocarbolicum
— valerianicum
Aconitinum
Apomorphinum
Arecolinum
Atropinum
Brucinum
Chinidinum
Chininum
Cinchonidinum
Cocainum
Coffeinum
Coniinum
Curarinum
Dial
Dicodid (Dihydrocodeinon)
Digitalinum
Digitoxinum
Diogenal
Duboisinum
Emetinum
Eucainum
Guajacolum
Homatropinum
Hydrastininum
Hyoscyaminum
Luminal
Nosophenum
Optochin
Orexinum
Orthoformium
Pelletierinum
Phenacetinum
Phenocollum
Phenylum salicylicum (Salolum)
Physostigminum (Eserinum)
Pilocarpinum
Piperazinum
Proponal
Pyrazolonum phenyldimethylicum (Antipyrinum)
Salvarsan
Scopolaminum
Sparteinum

Strychninum
Sulfonalum
Thallinum
Theobrominum
Tropacocainum
Urea aethylphenylmalonylica
— diaethylmalonylica
— diallylmalonylica
Urea dibrompropyldiaethylmalonylica
— dipropylmalonylica
Urethanum
Urotropinum
Veratrinum
Veronal
Yohimbinum

Außerdem sind in dem Verzeichnis die folgenden 10 Sammelbegriffe angeführt:

Acida chloracetica
Aethyleni praeparata
Opium, ejus alcaloida eorumque salia et derivata eorumque salia
Pantopon omniaque similia praeparata, quae alcaloidea Opii continent
Praeparata organotherapeutica
Salia glycerophosphorica
Sera therapeutica, liquida et sicca et eorum praeparata ad usum humanum
Stifte, Sonden oder Meißel aus Laminaria, Tupeloholz oder anderen quellfähigen Stoffen
Flüssige und trockene Tuberkuline sowie alle anderen aus oder unter Verwendung von Tuberkelbazillen gewonnenen Zubereitungen, soweit diese Tuberkuline und Zubereitungen zum Gebrauche beim Menschen bestimmt sind
Vasogenum et ejus praeparata

Auf diese Weise werden auch zahlreiche Körper erfaßt, die in dem Verzeichnis selbst nicht namentlich genannt sind. Es bedarf daher bei der Frage, ob ein Mittel dem Verbot des § 2 der Verordnung unterliegt, sofern es im Verzeichnis B nicht selbst steht, immer erst einer Prüfung, ob dasselbe unter einen der genannten Kollektivbegriffe gehört. Diese Prüfung wird sich in manchen Fällen einfach gestalten. Schwierigkeiten werden dagegen öfters eintreten bei den neueren Arzneimitteln, da diese in der Regel nicht unter ihrem wissenschaftlichen Namen in Verkehr gebracht werden, sondern unter einem Phantasie- oder Zweckmäßigkeitsnamen, der in keiner Weise auf ihre Zusammensetzung hindeutet. Im folgenden ist eine Liste derjenigen bekannteren und gebräuchlichen neuen Arzneimittel und Präparate aufgestellt, die auf diese Weise unter das Verzeichnis B fallen, ohne selbst in ihm zu stehen. Aus der in Klammern beigefügten Zusammensetzung ist ersichtlich, durch welchen der genannten Sammelbegriffe das Mittel dem freien Verkehr entzogen ist. Nicht berücksichtigt sind Präparate, die nicht einheitliche Körper, sondern Zubereitungen im Sinne des Verzeichnisses A der Verordnung darstellen und daher bereits aus diesem Grunde als Heilmittel dem freien Verkehr entzogen sind.

Dem freien Verkehr entzogene neuere Arzneimittel.

Acedicon (Acethyl-demethylodihydrothebain)
Acetomorphin (Heroin)
Acetopyrin (azetylsalizylsaures Antipyrin)
Achibromin (Monobromisovalerianoglykolylharnstoff)
Achijodin (Jodderivat)
Acidotoxin (Tuberkulin)
Acilakton (Kalziumbilaktatsaccharat)
Acopyrin (Azetopyrin)
Actol (Argentum lacticum)
Adrenalin (Organpräparat)
Adrenal-Poehl (Organpräparat)
Adrenaton (Organpräparat)
Adrenochrom (Organpräparat)
Adrenosan (Organpräparat)
Aesco-Chinin (Chininum aesculinicum)
Aethoxycoffein
Aethylenbromid
Aethylenchlorid
Aethylmorphin (Morphinderivat)
Agomensin (Organpräparat)
Agurin (Theobrominnatrium-Natriumazetat)
Alacetan (essig-milchsaures Aluminium)
Alcabrol (Bromisovaleriansaures Kalzium)
Alcopon (Opiumalkaloide)
Algal (milch-weinsaures Aluminium)
Algopan (Opiumalkaloide)
Allactol (milch-weinsaures Aluminium)
Allergin (Tuberkulin)
Allotropin (Hexamethylentetraminphosphat)
Alucetol (Aluminium aceticolacticum
Amenyl (Hydrastininderivat)
Aminoform (Hexamethylentetramin)
Amnesin (Morphin-Narkosinlaktat)
Amphotropin (kampfersaures Hexamethylentetramin)
Amynin (Organpräparat)
Anaemin (Eisenpepsinsaccharat, Organpräparat)
Anermon (Organpräparat)
Animasa (Organpräparat)
Anisotheobromin (Theobromin-Natriumanisat)
Anodynin (Antipyrin)
Anogon (dijodphenolsulfonsaures Hg)
Ansal (Antipyr. salicyl.)
Antinosin (Nosophen-Natrium)
Antiphlogin (Antipyrin)
Antisepsin (p-Bromazetanilid)
Antispasmin (Narzeinnatrium-Natrium salizylat)

Antistaphin (Hexamethylentetramin-Pentaborat)
Antithyreoidin Moebius (Serum)
Apallagin (Quecksilbersalz des Nosophens)
Aperitol (Isovaleryl-azetyl-Phenolphthalein)
Argaldon (Argaldin) (Hexamethylentetramin-Silbereiweiß)
Argentamin (Aethylendiamin-Silbernitrat)
Argotropin (Hexamethylentetramin-Silber)
Aristochin (Dichininkohlensäureester)
Arthriticin (Derivat des Diäthylenamins)
Asepsin (p-Bromazetanilid)
Aseptol (o-Phenolsulfonsäure)
Aseptolin (Pilocarpinum phenylicum)
Asparol (Koffein-Kalziumsalizylat)
Aspirophen (azetylsalizylsaures Phenokoll)
Aspochin (azetylsalizylsaurer Azetylsalizylsäurechininester)
Asterol (p-Sulfophenolquecksilber-Ammoniumtartrat)
Asthmolysin (Organpräparat)
Atoxatropin (Homatropinmethylobrom.)
Atrabilin (Organpräparat)
Atrinal (Atropinschwefelsäure)
Aurocantan (Kantharidyläthylendiamin-aruozyanid)
Aurochinin (p-Amidobenzoesäurechininester)
Barutin (Theobrominbarium-Natrium salizylat)
Basedowsan (Serum)
Basicin (Chinin-Koffein-Verbindung)
B. B. H.-Tablette (Bromisovalerianylharnstoff)
Benzacetin (Phenazetinkarbonsäure)
Benzosol (Benzoyl-Guajakol)
Benzoylekgonin (Kokainderivat)
Betacain (Eukain)
Beta-Sulfopyrin (sulfanilsaures Antipyrin)
Biovar (Organpräparat)
Bisgarol (Airol)
Bismuxel (Wismutchininjodid)
Blandogen (Organpräparat)
Bornyval (Bornylvalerianat)
Borovertin (Hexamethylentetramintriborat)
Bromalin (Hexamethylentetraminbromäthylat)
Bromochinal (dibromsalizyls. Chinin)
Bromopyrin (Bromantipyrin)
Bromural (Bromisovalerylharnstoff)
Bromuresan (Monobromisovalerianylharnstoff)
Brophenin (Bromisovalerylaminoazetat-p-phenetidin)
Butipyrin (Pyramidonbutylchloralhydrat)
Calcihyd (Hexamethylentetramin-Chlorkalzium)
Calmonal (Kalziumbromidurethan)
Campolon (Organpräparat)
Cancroin (Serum)
Capholactin (Kalziumlaktophosphat)
Cerebrin (Organpräparat)
Cerebrototal (Organpräparat)

Chelonidin (Tuberkulin)
Chelonisol (Tuberkulin)
Chemovonal (Diaethylbarbitursäure)
Chinaphenin (Chininkohlensäurephenetidid)
Chinaphthol (β-naphtholmonosulfosaures Chinin)
Chineonal (diaethylbarbitursaures Chinin)
Chinin-Weil (Chininsalz)
Chinoform (Chininum formicicium)
Cholosulin (Organpräparat)
Cholotonon (Organpräparat)
Chromoform (Methylhexamethylentetraminchromsäureverbindung)
Cibalgin (Dial-Pyramidon)
Citracoll (zitronensaures Amidoazet-p-phenetidin)
Codeonal (Codein. diaethylbarbituric.)
Coluitrin (Organpräparat)
Colutamin (Organpräparat)
Cordol (Tribromsalol)
Corpodis (Organpräparat)
Cortisupren (Organpräparat)
Curral (Diallylbarbitursäure)
Cylotropin (Urotropin-Salizyl-Koffein-Verbindung)
Cystamin (Hexamethylentetramin)
Cystogen (Hexamethylentetramin)
Cystopurin (Hexamethylentetramin-Natriumazetat)
Detoxin (Organpräparat)
Dianole (Milchsäure-Glyzerinester)
Diastolin (Organpräparat)
Didial (Dial)
Didymin (Organpräparat)
Dilaudid (Dihydromorphinon)
Dimaval (Dimethylaminophenazon-Bromisovalerianylharnstoff)
Dionin (Morphinderivat)
Disotrin (Digitoxin)
Diuretin (Theobromin — Natr. salizyl.)
Domatrin (Opiumalkaloide)
Domopon (Opiumalkaloide)
Dormen (Diallylazetylbromisovalerylharnstoff)
Dubatol (isovalerylmandelsaures Kalzium)
Duotal (Guajakolkarbonat)
Dyspeptine (Organpräparat)
Elityran (Organpräparat)
Eosot (Creosot. valerianicum)
Epigan (Organpräparat)
Epitotal (Organpräparat)
Epodis (Organpräparat)
Erythrodis (Organpräparat)
Eubornyl (α-bromisovaleriansaurer Borneolester)
Euchinin (Chinin. aethylocarbonicum)
Eucol (guajakolessigsaurer Ester)
Eucupin (Isoamylhydrokuprein)
Eudoxidin I.S.M. (Organpräparat)
Eudoxin (Bismut. nosophenic.)
Eufemyl (Organpräparat)
Euguform (Methylendiguajakol azetyliert)
Eukodal (Dihydrocodeinon)
Eumorphol (Serum)
Eumydrin (Atropinmethylnitrat)
Eustemin (Theobrominnatrium-Natriumjodid)

Eutectan (Guajakol-Wismutverbindungen)
Eutonon (Organpräparat)
Exalgin (Methylazetanilid)
Exophysin (Organpräparat)
Felamin (Hexamethylentetramin-Gallensäureverbindung)
Fenchyval (Fenchylisovaleriansäureester)
Ferripyrin (Antipyrin-Eisenverbindung)
Ferropyrin (Antipyrin-Eisenverbindung)
Ferrostyptin (Hexamethylentetraminhydrochlorid-Ferrichlorid, Doppelsalz)
Folliculin (Organpräparat)
Fontanon (Organpräparat)
Formin (Urotropin)
Formopyrin (Methylendiantipyrin)
Formurol (zitronensaures Hexamethylentetramin)
Gardan (Amidoantipyrin und Novalgin)
Geoform (Guajakol-Formaldehyd-Verbindung)
Geosot (Guajacolum valerianicum)
Glandole (Organpräparate)
Glandosane (Organpräparate)
Glandubolin (Organpräparat)
Glanduitrin (Organpräparat)
Glandulen (Organpräparat)
Glanduovin (Organpräparat)
Glanproten-Präparate (Organpräparate)
Glycirenan (Organpräparat)
Glycomekon (Opiumalkaloide)
Gonotoxin (Serum)
Graminin (Serum)
Graminol (Serum)
Grippe-Immunblut (Serum)
Guacamphol (Guajakolkampfersäureester)
Guajacetin (brenzkatechinmonoazetsaures Natrium)
Guajadol (p-Jodguajakol)
Guajamar (Guajakolglyzerinester)
Guajaperol (Piperidinum guajacolicum)
Guajaperon (Piperidinum guajacolicum)
Guajoform (Guajakol-Formaldehyd-Verbindung)
Guatannin (Guajakol-tannocinnamylic.)
Gynophysin (Organpräparat)
Gynormon (Organpräparat)
Gynoval (isovaleriansaurer Isoborneolester)
Hämokrinin (Organpräparat)
Hämostasin (Organpräparat)
Hedonal (Methylpropylkarbinolurethan)
Helmitol (Hexamethylentetramin-methylenzitrat)
Hepaliquit (Organpräparat)
Heparliten (Organpräparat)
Hepatopson (Organpräparat)
Hepatrat (Organpräparat)
Hepracton (Organpräparat)
Herzalen (= Digitoxin)
Hetralin (Resorzinhexamethylentetramin)
Heufiebermittel Borosini (Organpräparat)
Hexal (sulfosalizylsaures Hexamethylentetramin)
Hexalet (Hexal)
Hexapyrin (azetylsalizylsaures Hexamethylentetramin)
Hirudin (Organpräparat)
Histosan (Guajakol-Eiweiß-Verbindung)

Hogival (Organpräparat)
Holopon (Opiumalkaloide)
Hombreol (Organpräparat)
Hormenur (Organpräparat)
Hormin (Organpräparat)
Hormodis (Organpräparat)
Hormojuvent (Organpräparat)
Hormolantin (Organpräparat)
Hormoliquite (Organpräparate)
Hormovar (Organpräparat)
Hydrochinin
Hypamin (Organpräparat)
Hypnal (Chloral-Antipyrin)
Hypnopyrin (Chininderivat)
Hypnosal (Organpräparat)
Hypodis (Organpräparat)
Hypogan (Organpräparat)
Hypolantin (Organpräparat)
Hypoloban (Organpräparat)
Hypophen (Organpräparat)
Hypophysin (Organpräparat)
Hypophysol (Organpräparat)
Hypophytroin (Organpräparat
Hyporetrin (Organpräparat)
Hypotonin (isovaleriansaures Äthylendiamin)
Hypototal (Organpräparat)
Hysterol (Bornylvalerianat)
Ichtyolidin (Piperazinum thiohydrocarburosulfonic.)
Ido-Hepa (Organpräparat)
Iloglandol (Organpräparat)
Ingluvin (Organpräparat)
Inkretan (Organpräparat)
Inkretol (Organpräparat)
Insipin (Chinindiglykolsäureester-Sulfat)
Insulin (Organpräparat)
Ipecopan (Opiumalkaloide)
Irrebolin (Organpräparat)
Jodival (Monojodisovalerylharnstoff)
Jod-Kalzium-Diuretin (Theobromin-Derivat)
Jodocoffein (Koffeinnatriumjodid)
Jodoformal (Jodoformin-Äthyljodid)
Jodoformin (Hexamethylentetramin-Jodoform)
Jodophen (Nosophen)
Jodophenin (Jodphenazetin)
Jodopyrin (Jodantipyrin)
Jodotheobromin
Jodothyrin (Organpräparat)
Jodothyroidin(Organpräparat)
Kallikrein (Organpräparat)
Klimova (Organpräparat)
Kreoform (Guajakolverbindg.)
Kresamin (Äthylendiaminkresol)
Lacajolin (Guajacol. lactic.)
Lacalut (milchsaures Aluminium)
Lacarnol (Organpräparat)
Lactanin (Bismutbilaktomonotannat)
Lactinium (Alumin. lactic.)
Lactol (Naphthol-Milchsäureester)
Laudanon (Opiumalkaloide)
Laudopan (Opiumalkaloide)
Leptormon (Organpräparat)
Lienototal (Organpräparat)
Lipamin (Organpräparat)
Lobene (Organpräparate)
Lupetazin (Dimethylpiperazin)
Lutophorin (Organpräparat)
Lycetol (Dimethylpiperazintartrat)
Lysathinin (Organpräparat)
Lysidin (Äthylenäthenyldiamin)
Madimol (stearinsaures Hexamethylentetramin)

Malonal (Diäthylbarbitursäure)
Mammatotal (Organpräparat)
Mammin (Organpräparat)
Mamodis (Organpräparat)
Mannin (Orthoform)
Marmorekin (Serum)
Mecopon (Opiumalkaloide)
Medinal (Natr. diaethylbarbituric.)
Medinol (stearins. Hexamethylentetramin)
Melubrin (Phenyldimethylpyrasolonamidomethansulfosaures Natrium)
Menformon (Organpräparat)
Menoragin (Organpräparat)
Mercaffin (Koffein-Quecksilberverbindung)
Merjodin (Sozojodol-Quecksilber)
Merpon (Mercaffin-Azetanilid)
Methacetin (p-Oxymethylazetanilid)
Migränin (Antipyrinum Coffeinocitricum)
Migrol (Brenzkatechinmonoazetsaures Dimethylamidophenyldimethylpryazolon)
Minopon (Opiumalkaloide)
Monotal (Methylglykolsäure-Guajakolester)
Morphosan (Morphinderivat)
Mydrol (Jodmethylphenolpyrazolon)
Myosalvarsan (Salvarsan)
Myotrat (Organpräparat)
Narcophin (Morphinsalz)
Nealpon (Opiumalkaloide)
Neobornyval (Isovalerylglykolsäurebornylester)
Neohexal (sulfosalizylsaures Hexamethylentetramin)
Neohormonal (Organpräparat)
Neosalvarsan (Salvarsan)
Neosilbersalvarsan (Salvarsan)
Neurodin (Azetyl-p-oxyphenylurethan)
Neurosmon (Organpräparat)
Nivipithel (Serum)
Novalgin (phenyldimethylpyrazolon-methylamidomethansulfosaures Natrium)
Novamidon (Pyramidon)
Novarial (Organpräparat)
Novatropin (Atropin)
Novocol (monoguajakolphosphorsaures Natrium)
Novocolchinin (Chininsalz der Monoguajakolphosphorsäure)
Novotestal (Organpräparat)
Novothyral (Organpräparat)
Nucleo-Hexyl (nukleinsaures Hexamethylentetramin)
Olipex (Organpräparat)
Oophorin (Organpräparat)
Oototal (Organpräparat)
Opiall (Opiumalkaloide)
Opiopon (Opiumalkaloide)
Opo-Präparate (Organpräparat)
Optone (Organpräparat)
Orasthin (Organpräparat)
Orchicitin (Organpräparat)
Oresol (Guajakolglyzerinester)
Oreson (Guajakolglyzerinester)
Osmoserin (Serum)
Ovanorm (Organpräparat)
Ovaraden (Organpräparat)
Ovarialhormon Folliculin-Menformon (Organpräparat)
Ovariin (Organpräparat)
Ovarin (Organpräparat)
Ovarium-Panhormon (Organpräparat)

Ovarnon (Organpräparat)
Ovimbin (Organpräparat)
Ovobrol (Organpräparat)
Ovobromodis (Organpräparat)
Ovocalcodis (Organpräparat)
Ovodis (Organpräparat)
Ovoferrodis (Organpräparat)
Ovoglandol (Organpräparat)
Ovoliquit (Organpräparat)
Ovowop (Organpräparat)
Padutin (Organpräparat)
Pancrofirm (Oganpräparat)
Pankreaden (Organpräparat)
Pankreas-Dispert (Organpräparat)
Pankreatin (Organpräparat)
Pankreon (Organpräparat)
Pankretotal (Organpräparat)
Pankrosplen (Organpräparat)
Pankrostase (Organpräparat)
Pansulin (Organpräparat)
Pantolaudan (Opiumalkaloide)
Pantophysin (Organpräparat)
Paraganglin (Organpräparat)
Paramorphan (Morphinderivat)
Paranephrin (Organpräparat)
Parathyreoidis (Organpräparat)
Paratotal (Organpräparat)
Paratoxin (Organpräparat)
Pavon (Opiumalkaloide)
Pegnin (Organpräparat)
Pellurin (Hexamethylentetramin hydrochlor.)
Pental (Trimethyläthylen)
Pepsin pur. (Organpräparat)
Peptomedullin (Organpräparat)
Peptothyroidin (Organpräparat)
Peptovarin (Organpräparat)
Perfibrin (Organpräparat)
Perhepar (Organpräparat)
Peronin (salzs. Morphinbenzylester)
Phenamin (-Phenocoll. hydrochl.)
Phenomydrol (Azetaminophenon)
Phenoval (α-Bromisovalerylphenetidin)
Phenyl-Sedasprin (Phenylum salicylicum)
Phosphoguajacol (Guajakolphosphit)
Phthisanol (Tuberkulin)
Physormon (Organpräparat)
Physostol (Physostigmin)
Picropyrin (Antipyrinpikrat)
Pitocin (Organpräparat)
Pitresin (Organpräparat)
Pituglandol (Organpräparat)
Pituin (Organpräparat)
Pituitrin (Organpräparat)
Placentodis (Organpräparat)
Placentormon (Organpräparat)
Pleistopon (Opiumalkaloide)
Pollantin (Serum)
Polyglandin (Organpräparat)
Polyvalenta (Serum)
Prähormon (Organpräparat)
Progynon (Organpräparat)
Prolan (Organpräparat)
Prostaden (Organpräparat)
Prostatodis (Organpräparat)
Prostatotal (Organpräparat)
Prothaemin (Organpräparat)
Pulmoform (Methylenguajakol)
Pulmogen (Organpräparat)
Pulmonin (Organpräparat)
Pyramidon (Dimethylaminophenyldimethylpyrazolon)
Pyrochinin (Pyramidon-Chinin-Kamphorat)

Pyrosal (salizyl-essigsaures Antipyrin)
Quietol (Valeryloxybutyreinbromhydrat)
Quinisal (Chinin-Diplosal)
Rejuven (Organpräparat)
Renoform (Organpräparat)
Renototal (Organpräparat)
Rheumatin (salizylsaures Salizylchinin)
Rhodan-Kalzium-Diuretin (Theobrominverbindung)
Ristin (Äthylenglykol-Benzoes.-Ester)
Rivanol (Laktat des 4-Aethoxy-6-9-Diaminoakridins.)
Rodagen (Organpräparat)
Salifebrin (Azetanilid-Salizylsäure-Verbindung)
Saliformin (Hexamethylentetraminsalizylat.)
Salochinin (salizylsaurer Chininester)
Salocoll (Phenokollsalizylat)
Salophen (Azetyl-p-amidosalol)
Sanocardol (Organpräparat)
Scarlatin-Marpmann (Serum)
Sedatin (Valeryl-p-Phenetidin)
Seutopon (Opiumalkaloide)
Siomin (Tetrajodhexamethylentetramin)
Sistomensin (Organpräparat)
Somnacetin (Veronal-Phenazetin)
Spasmyl (Kampfer-Benzylvalerianat)
Spermin (Organpräparat)
Sperminol (Organpräparat)
Spirosal (Äthylenglykolsalizyls. Ester)
Spleniferrin (Organpräparat)
Splenin (Organpräparat)
Splenotrat (Organpräparat)
Splenovarian (Organpräparat)
Stagnin (Organpräparat)
Stomopson (Organpräparat)
Striaphorin (Organpräparat)
Styrakol (zimtsaures Guajakol
Sublamin (Quecksilbersulfat-Aethylendiamin)
Succototal (Organpräparat)
Sulfoguajacin (Chinin. sulfoguajacol.)
Sulfosplen (Organpräparat)
Suprarenaden(Organpräparat)
Suprarenalin (Organpräparat)
Suprenototal (Organpräparat)
Tasch (Tuberkulin)
Tebecin (Tuberkulin)
Tebeprotin (Tuberkulin)
Testaden (Organpräparat)
Testidin (Organpräparat)
Testifortan (Organpräparat)
Testiliquit (Organpräparat)
Testin (Organpräparat)
Testitotal (Organpräparat)
Testocithin (Organpräparat)
Testodis (Organpräparat)
Testogan (Organpräparat)
Theacylon (azetylsalizyls. Theobromin)
Theobromose (Theobromin-Lithium)
Theocal (Theobromin-Kalzium-Kalziumlaktat)
Theolactin (Theobromin-Natr.-Natr.-laktat)
Theonasal (Theobromin-Natr.-salizylat)
Theophorin (Theobromin-Natr.-Natr.-formicic.)
Thiocol (Kal. sulfoguajacol.)
Thymodis (Organpräparat)
Thymophorin (Organpräparat)
Thymotal (Thymol-Urethan)

Thymototal (Organpräparat)
Thyraden (Organpräparat)
Thyrakrin (Organpräparat)
Thyranon (Organpräparat)
Thyrein (Organpräparat)
Thyreo-Antitoxin (Organpräparat)
Thyreodis (Organpräparat)
Thyreoidectin (Organpräparat)
Thyreoidin (Organpräparat)
Thyreonal (Organpräparat)
Thyroprotein (Organpräparat)
Thyrototal (Organpräparat)
Tolypyrin (p-tolyldimethylpyrazolon)
Tolysal (Tolypirin-salicyl.)
Tonephin (Organpräparat)
Tonole (Glyzerophosphate)
Trigemin (Pyramidonbutylchloralhydrat)
Tuberal (Tuberkulin)
Tuberculocidin (Tuberkulin)
Tuberculomucin (Tuberkulin)
Tuberkininpräparate (Tuberkulin)
Tuberkulinctio (Tuberkulin)
Tuberten (Tuberkulinpräparat)
Tubertoxyl (Tuberkluin)
Tulax (Tuberkluin)
Tussalvin (Hydrochinin. hydrochl.)
Tussol (mandels. Antipyrin)
Ultratubin (Tuberkulin)
U-Mucin (Organpräparat)
Unden (Organpräparat)
Uraline (Chloralurethran)
Urobenyl (Benzyl-Hexamethylentetramin)
Urocitral (Theobromin-Natriumzitrat)
Uropherin (Theobromin Lithium benzoat bzw. salizylat)
Uterodis (Organpräparat)
Uterototal (Organpräparat)
Valamin (Amylenhydrat-Isovaleriansäure-Ester)
Valerydin (Valeryl-p-Phenetidin)
Validol (valerians. Menthol-Ester)
Valisan (bromisovalerians. Ester d. Borneols.)
Valyl (Valeriansäurediaethylamid)
Vasal (Phenylum salicylicum)
Vaso-Pituigan (Organpräparat)
Vasophysin (Organpräparat)
Veramon (Diaethylbarbitursäure-Pyramidon)
Verophen (Veronal- Phenazetin)
Voluntal (Trichloraethylurethan)
Vuzin (Chininderivat)
Xaxaquin (Chinin. acetylsalicyl.)

V. Die Rechtsprechung zur Verordnung betr. den Verkehr mit Arzneimitteln.

Zu der Verordnung über den Verkehr mit Arzneimitteln außerhalb der Apotheken vom 22. Oktober 1901 und ihren Ergänzungen hat sich im Laufe der Jahre eine überaus umfangreiche Rechtsprechung angesammelt, die wertvolle Anhaltspunkte zur Auslegung der Verordnungen bietet. Nachstehend sind die Urteile nach den einzelnen Mitteln, auf die sie sich beziehen, zusammengestellt. Die Listen umfassen alle seit 1. Januar 1900 bis 1. Juli 1931 bekannt gewordenen Erkenntnisse der Obergerichte sowie Gutachten von Medizinalbehörden, in denen über die Freiverkäuflichkeit oder Nichtfreiverkäuflichkeit einzelner Mittel entschieden worden ist. Urteile, die sich noch auf die bis zum 31. März 1902 geltende frühere Kaiserliche Verordnung beziehen, sind nur soweit berücksichtigt, als sie noch der gegenwärtigen Rechtslage entsprechen. Am Schlusse sind dann die wichtigsten seit 1900 ergangenen Urteile angefügt, die sich mit allgemeinen Begriffen der genannten Verordnungen befassen.

Die bei den Urteilen in Klammern beigefügten Zahlen bezeichnen die Nummer der Pharmazeutischen Zeitung, in der die betreffende Entscheidung abgedruckt ist, und zwar, sofern nichts anderes angegeben, des gleichen Jahrgangs, wie das Datum des Urteils.

KG. bedeutet Kammergericht.

KGA. bedeutet Sammlung gerichtlicher Entscheidungen auf dem Gebiete der öffentlichen Gesundheitspflege, herausgegeben vom Kaiserlichen Gesundheitsamt (jetzt Reichsgesundheitsamt).

Med.-A. bedeutet Medizinalarchiv für das Deutsche Reich.

OLG. bedeutet Oberlandesgericht.

RG. bedeutet Reichsgericht.

1. Einzelne Arzneimittel.

Abführtee ist nicht ohne weiteres als ein Heilmittel anzusehen. Es ist im Volke üblich, ein mildes Abführmittel öfter auch ohne Verstopfung anzuwenden, lediglich um einer Verstopfung vorzubeugen und um durch Beförderung des Stuhlganges eine gute Blutzusammensetzung zu erzielen, also auch um andere Krankheiten, die von schlechter Blutzusammensetzung herkommen, zu verhindern. OLG. Breslau, 10. März 1914 (63).

Ade-Biskuits sind dem freien Verkehr entzogen. OLG. Dresden, 28. Oktober 1908 (90).

Aloe mit Kartoffelstärkezusatz ist ein Gemenge zerkleinerter Substanzen im Sinne des Verzeichnisses A, Nr. 4, der Verordnung vom 22. Oktober 1901. OLG. Königsberg, 22. November 1906 (Med.-A. 1911, S. 543).

Alpenkräutertee, Webers, ist kein Vorbeugungs-, sondern ein Heilmittel; er ist deshalb dem freien Verkehr entzogen, auch wenn er auf Plakaten als Vorbeugungsmittel bezeichnet wird. KG. 8. März 1907 (90). — Wenn Alpenkräutertee als Blutreinigungsmittel feilgeboten wird, so geht aus dieser Anpreisung nicht hervor, daß der Tee nur für Gesunde bestimmt sei, sondern es ist vielmehr zu folgern, daß er das nicht normale Blut beseitigen und bessern solle. Bayer. OLG., November 1905 (93). — Alpenkräutertee ist als Heilmittel gegen bestehende Krankheiten dem freien Verkehr entzogen. KG. 30. Dezember 1901 (1902 Nr. 3); OLG. Breslau, 5. Januar 1909 (4). — Alpenkräutertee ist nur dann dem freien Verkehr entzogen, wenn der (wenigstens eventuelle) Dolus, daß die Abgabe als Heilmittel erfolgt ist, nachgewiesen werden kann. OLG. Breslau, 26. Mai 1908 (53 und 60). — Alpenkräutertee darf als Heilmittel außerhalb der Apotheken nicht feilgehalten und verkauft werden. Ein unzulässiger Verkauf als Heilmittel liegt auch dann vor, wenn der Verkäufer mit der Möglichkeit rechnen muß, daß die Käufer das Mittel zu Heilzwecken benutzen. KG. 11. Juli 1910 (59). — Alpenkräutertee, Webers, ist dem freien Verkehr entzogen. Verstopfung ist eine Krankheit, Abführmittel sind mithin Heilmittel. OLG. Breslau, 7. Juni 1910 (70). — Alpenkräutertee ist, wenn er nicht als Heilmittel, sondern nur als Genußmittel feilgeboten und verkauft wird, dem freien Verkehr überlassen. OLG. Kiel, 29. Juli 1903 (KGA. IV S. 620); KG. 8. Februar und 8. März 1907 (23); OLG. Köln, 24. Juli 1907 (85).

Alsol ist ein desinfizierend wirkendes Heilmittel und seine 50 %ige Lösung eine unter Verzeichnis A Ziff. 5 fallende Zubereitung, die nicht frei verkäuflich ist. Gutachten des Sächsischen Landesmedizinalkollegiums vom 28. März 1912.

Anistropfen dürfen in Drogenhandlungen nicht feilgehalten oder verkauft werden, auch wenn sie durch Destillation hergestellt sind. OLG. Kiel, 5. Februar 1910 (KGA. VI S. 462).

Apfelsäurepastillen sind als Heilmittel dem freien Verkehr entzogen. K.G 4. September 1902 (73).

Arnikapflaster ist ein dem freien Verkehr entzogenes Heilmittel, da es anderen als Heilzwecken gar nicht dienen kann. OLG. Stettin, 23. Dezember 1910 (1911 Nr. 47).

Aromatische Tinktur ist als Heilmittel dem freien Verkehr entzogen. OLG. Frankfurt a. M., 28. Mai 1906 (KGA. V S. 494); OLG. Dresden, Oktober 1921 (90).

Arsa-Lecin ist ein dem freien Verkehr entzogenes Heilmittel. Es wird festgestellt, 1. daß das Arsa-Lecin eine Zubereitung im Sinne des Verzeichnisses A Ziff. 5 der Kaiserlichen Verordnung ist, 2. daß es infolge seiner ihm innewohnenden wesentlichen Wirkungsweise nur als Heilmittel zu dienen geeignet ist, 3. daß es infolgedessen dem freien Verkehr entzogen ist und seine Abgabe nur in Apotheken gemäß der Verordnung, betreffend die Abgabe starkwirkender Arzneimittel, zu erfolgen hat. Gutachten der Wissenschaftlichen Deputation für das Medizinalwesen vom 8. Juli 1914 (76).

Arteriol ist, wenn es nicht zu Heilzwecken dienen soll, freigegeben. OLG. Düsseldorf, 17. April 1909 (47).

Aspirintabletten. Die Abgabe dieser dem freien Verkehr entzogenen Heilmittel ist auch in Konsumgenossenschaften unzulässig. OLG. Darmstadt, 8. September 1927 (99). — Die Abgabe von Aspirintabletten außerhalb der Apotheken ist auch zu Denunziationszwecken unzulässig, da Aspirin, gleichviel ob lose oder in Tabletten, als ein im Verzeichnis B der Verordnung vom 22. Oktober 1901 aufgeführtes Präparat, zu jedem Zwecke dem freien Verkehr entzogen ist. OLG. Kiel, Juni 1928 (50) und 29. August 1928 (78).

Aufbausalze. Sind besondere Anpreisungen beim Verkauf nicht erfolgt, so ist die Aufschrift der Packungen für den Charakter des Präparates entscheidend. Enthält sie eine Anpreisung der Heilmitteleigenschaften des Packungsinhaltes, so ist das Präparat als Heilmittel zu betrachten. OLG. Kiel, Mai 1927 (41). — Aufbausalze dürfen zu Heilzwecken nicht außerhalb der Apotheken verkauft werden; ihrem Feilhalten und Verkauf zu Vorbeugungs- und diätetischen Zwecken steht jedoch rechtlich nichts im Wege. OLG. Oldenburg, 23. April 1928 (67). — Aufbausalze dürfen als Heilmittel außerhalb der Apotheken nur dann feilgehalten werden, wenn sie Nachbildungen einer bestimmten Quelle sind. OLG. Düsseldorf, 14. November 1928 (1929 Nr. 1). — Für die Strafbarkeit der Abgabe kommt es lediglich darauf an, ob die Salze tatsächlich als Heilmittel feilgehalten oder verkauft worden sind, und nicht auf die Möglichkeit ihrer Verwendung als Heilmittel. OG. Danzig, 22. November 1927 (86).

Augenwohl, das als Mittel zur Stärkung und Wiederbelebung der Sehkraft dienen soll, ist ein Heilmittel zur Beseitigung einer Krankheit und, da es unter Ziff. A 5 der Verordnung vom 22. Oktober 1901 fällt, dem freien Verkehr entzogen. KG. 10. März 1908.

Baldrament. Bei Prüfung der Frage, ob Baldrament als freigegebene Baldriantinktur anzusehen ist, darf die Entscheidung nicht auf ein von privater Seite verfaßtes Buch gestützt werden. Der Richter muß eine selbständige Prüfung vornehmen, was unter der freigegebenen Baldriantinktur im Sinne der Verordnung im reellen Arzneihandel außerhalb der Apotheken zu verstehen ist. KG. 21. September 1914 (80).

Baldrianwein ist ein weiniger Auszug aus Baldrianwurzel und damit als eine laut Ziff. 3 des Verzeichnisses A freigegebene Baldriantinktur anzusehen. Es liegt kein rechtlicher Grund vor, weinige Baldriantinktur anders zu behandeln als weingeistige. OLG. Stettin, 11. April 1927 (32).

Barachol. Ausschlaggebend für die Frage der Freiverkäuflichkeit des Mittels ist die Feststellung, ob es nach seiner allein entscheidenden Zusammensetzung als „Seife" angesprochen werden kann oder nicht. Zu prüfen ist ferner, ob das Barachol sich nicht als ein als Heilmittel feilgehaltenes Desinfektionsmittel im Sinne des § 1 Abs. 2 zu a darstellt, als welches das Mittel nur dann dem freien Verkehr entzogen wäre, wenn es Stoffe enthält, welche in den Apotheken ohne Anweisung eines Arztes nicht abgegeben werden dürfen. KG. 6. März 1925 (20 und 25). — Ein Desinfektionsmittel (Barachol) verliert seinen Charakter nicht dadurch, daß es seine Wirkung in der Tiefe der Haut entfaltet. Barachol ist mithin ein auch als Heilmittel freigegebenes Desinfektionsmittel. OLG. Stettin, 11. April 1927 (32).

Beckers Tee ist, auch wenn er als diätetisches Genußmittel bei Wassersucht bezeichnet wird, als ein dem freien Verkehr entzogenes Heilmittel anzusehen. KG. 8. Dezember 1902 (101).

Bika-Pastillen sind nicht als aus natürlichen Mineralwässern oder künstlichen Mineralquellsalzen bereitete Pastillen anzusehen und infolgedessen als Heilmittel nicht freiverkäuflich. OLG Naumburg 1931 (44).

Biobonbons sind Pastillen im Sinne der Verordnung über den Verkehr mit Arzneimitteln und daher als Heilmittel dem freien Verkehr entzogen. OLG. Hamburg, 21. Februar 1929 (37).

Biochemische Arzneimittel sind dem freien Verkehr entzogen. OLG. Oldenburg, 12. Mai 1924 (59). — Für die Beurteilung der Strafbarkeit der Abgabe ist es unerheblich, ob sich in den Zubereitungen heilkräftige Stoffe befinden oder nicht, von Bedeutung ist einzig und allein, daß sie zu den Mitteln gehören, die Krankheiten beseitigen oder lindern sollen. KG. 4. Juli 1924 (55). — Es ist nicht gestattet, Mittel, auf welche sich das Verzeichnis A 4, 9 und 10 der Verordnung vom 22. Oktober 1901 bezieht, mögen sich in ihnen heilkräftige Stoffe befinden oder nicht, als Heilmittel, d. h. als Mittel zur Beseitigung oder Linderung von Krankheiten bei Menschen oder Tieren, außerhalb der Apotheken feilzuhalten oder zu verkaufen. KG. 11. Juli 1924 (59). — Es ist unerheblich, in welchen Mengen ein unter die Kaiserliche Verordnung fallendes Heilmittel einem anderen Stoffe zugesetzt worden ist, vielmehr allein entscheidend, daß das Mittel Krankheiten beseitigen oder lindern soll. KG. 1. August 1925 (77). — Biochemische Mittel sind unabhängig von der Art der Wirksamkeit ihrer Einzelbestandteile als nicht freigegebene Arzneien anzusehen, da sie lediglich zu Heilzwecken angewendet werden. OG. Danzig, Oktober 1925 (90). — Die Versuche biochemischer Vereine, die biochemischen Mittel zu Nachbildungen von Mineralquellsalzen zu stempeln und sie auf diese Weise dem Apothekenzwang zu entziehen, besitzen keine rechtliche Grundlage und sind somit hinfällig. RG. 20. Juni 1927 (61 und 63). — Biochemische Mittel in Pastillen- oder Tablettenform sind dem freien Verkehr entzogene Heilmittel. Als künstliche Mineralquellsalztabletten können sie deshalb nicht angesehen werden, weil sie keiner bekannten Mineralquelle in der Zusammensetzung entsprechen. OLG. Naumburg, 24. März 1926 (64); KG. 25. Januar 1926 (10); KG. 16. Oktober 1926 (87); KG. 20. November 1926 (95 und 100). — Künstliche Mineralquellsalze bzw. Mineralsalzpastillen im Sinne der Verordnung vom 22. Oktober 1901 müssen eine künstliche Nachbildung des Salzgehaltes einer natürlichen Mineralquelle darstellen und mithin die wesentlichsten Stoffe dieser Quelle enthalten. Andernfalls sind sie dem freien Verkehr entzogen. KG. 16. Februar 1926 (16); KG. 20. März 1926 (26); OLG. Breslau, 9. März 1926 (23); OLG. Braunschweig, 19. November 1925. — Biochemische Mineralsalztabletten sind nur dann als freiverkäufliche Mineralsalzpastillen anzusehen, wenn sie alle Salze einer natürlichen Quelle enthalten, gleichgültig, ob es sich um natürliche Rückstände oder künstliche Nachbildungen handelt. OLG. Hamburg, 28. April 1929 (1930 Nr. 43). — Mittel, die nicht irgendeine bestimmte Mineralquelle nachbilden, sondern sich im Gegensatz zu solchen Nachbildungen gerade darauf beschränken, dem Körper nur einen der als wirksam betrachteten chemischen Stoffe zuzuführen, fallen nicht unter die Ausnahmevorschrift zu Ziff. 9 der Kaiserlichen Verordnung von 1901, sondern unter diese Ziffer selbst, und zwar ohne Rücksicht darauf, ob sie sich als Tabletten oder Pastillen darstellen. Sie dürfen daher als Heilmittel außerhalb der Apotheken nicht feilgehalten oder verkauft werden. KG. 9. Juli 1926 (58); KG. 19. August 1926 (86). — Biochemische Tabletten sind nicht aus künstlichen Mineralquellsalzen bereitet. Außerdem sind nur Pastillen aus künstlichen Mineralquellsalzen, nicht Tabletten aus solchen freigegeben. OLG. Dresden, 10. November 1926 (1927 Nr. 25); OLG. Köln, Mai 1927 (41). — Biochemische Tabletten sind keine aus künstlichen Mineralquellsalzen bereitete Pastillen. Strafbar ist jedes Zubereiten, Feilhalten, Verkaufen oder sonstiges Überlassen zu andere, unabhängig davon, ob eine gewerbsmäßige Handlung vorliegt oder nicht. OLG. Dresden, 7. Dezember 1925 (1926 Nr. 101). — Die Selbstabgabe biochemischer Tabletten innerhalb eines Vereins ist unzulässig. KG. 20. November 1926 (1927 Nr. 10). — Unter den Begriff „Funktionsmittel" fallen auch die übrigen Mittel des Verzeichnisses A der Verordnung vom 22. Oktober 1901, da auch sie die Zweckbestimmung haben, den gestörten Funktionen körperlicher Organe aufzuhelfen. Über die Natur eines Salzes als Heilmittel entscheidet die subjektive Zweckbestimmung, nicht die objektive Heilwirkung. Biochemische Salze sind demnach Heilmittel im Sinne der Verordnung vom 22. Oktober 1901. OLG. Braunschweig, 15. Januar 1925 (1926 Nr. 50). — Unter Arzneimitteln sind chemisch wirksame Stoffe zu verstehen. Stoffe, die eine chemische Wirkung nicht oder nicht mehr in erkennbarem Maße ausüben, wie die biochemischen Arzneimittel, fallen mithin nicht unter § 367 StGB. Ihre Abgabe außerhalb der Apotheken ist demnach nicht strafbar. OLG. Hamburg, 7. September 1923 (1924 Nr. 27). — Entspricht bei biochemischen Tabletten die Zusammensetzung der die Tablettengrundmasse bildenden Salze im wesentlichen den in einem bestimmten natürlichen Mineralwasser enthaltenen Salzen, dann fallen die Tabletten unter die Ausnahmebestimmung des Verzeichnisses A Ziff. 9 und sind freiverkäuflich. OLG. Naumburg, 13. Oktober 1926 (1927 Nr. 4); OLG. Celle, 1. Juli 1927 (90). — Biochemische Mineralsalzpastillen, die, wenn auch nicht alle, so doch die wesentlicheren Salzbestandteile irgendeiner Quelle nachgebildet enthalten, sind unabhängig von der Art ihrer Dosierung freiverkäuflich. OLG. Oldenburg, 29. September 1930 (93). — Die Abgabe von Pulvern und Tabletten, die künstliche Mineralquellsalze verrieben mit Milchzucker enthalten, verstößt nicht gegen die Arzneimittelverordnung vom 22. Oktober 1901, da der Milchzucker lediglich ein zulässiges Bindemittel darstellt. OLG. Celle, 18. Juni 1926 (1927 Nr. 90). — Wenn ein Drogist in der irrtümlichen Annahme, daß es sich um freigegebene künstliche Mineralsalzpastillen handele, nicht freigegebene biochemische Tabletten feilgehalten hat, kann wegen straffreien tatsächlichen Irrtums Freisprechung erfolgen. OLG. Hamburg, 20. September 1926 (95). — Mineralwasser-Pastillen (und -Tabletten) müssen, um nach Ziff. 9 freiverkäuflich zu sein, dem Geschmack und der physiologischen Wirkung der betreffenden Mineralquelle zum mindesten annähernd entsprechen. Wenn der Gehalt an Mineralquellsalzen dagegen auf ein so geringes Maß herabgesetzt ist, daß er geschmacklich und physiologisch überhaupt nicht mehr in Erscheinung tritt und hinsichtlich der Einzelbestandteile zum mindesten an der Grenze des chemisch Nachweisbaren liegt, dann handelt es sich nicht mehr um Mineralquellsalz-Pastillen, sondern um Milchzucker-Tabletten, auf die weder die Ausnahmebestimmung in Ziff. 9, noch die Ziff. 4 des Verzeichnisses A Anwendung findet. OLG. Dresden, 4. März 1931 (31).

Biochemische Salben sind, da ihnen die biochemischen Mittel beigefügt sind, auch dann „Heilmittel", wenn sie im übrigen aus Cold-Cream, Lanolin oder Vaselin bestehen. KG. 16. Februar 1926 (16).

Biocitin ist ein trockenes Gemenge im Sinne der Ziff. 4 des Verzeichnisses A und, zumal wenn demselben die Broschüre „Rationelle Nervenpflege“ beiliegt, bestimmt, als Heilmittel zu dienen, wenn auch seine Verwendung als Kräftigungsmittel nicht ganz ausgeschlossen ist. Gutachten des Sächsischen Landesmedizinalkollegiums vom 28. März 1912.

Bioglobin, das als Heilmittel für Bleichsüchtige und für Erkrankungen des Nervensystems dienen soll, ist ein dem freien Verkehr entzogenes flüssiges Gemisch. Bayer. OLG., 24. Juni 1913 (60).

Bionellen. Unter Ziff. 9 des Verzeichnisses A fallen nicht die überhaupt nicht erwähnten Bonbons, soweit es sich um Pfefferküchlerware und nicht um pharmazeutische Zubereitungen handelt. Die Entscheidung, ob Bionellen als Pfefferküchlerware oder als eine der unter Ziff. 9 aufgezählten Zubereitungen anzusehen sind, hängt außer von der äußeren Form in erster Linie von dem Herstellungsverfahren ab. OLG. Hamm i. W., 6. September 1927 (87).

Biopastillen, die die Bestandteile einer natürlichen Mineralquelle, wenn auch nur in geringen Mengen enthalten, sind dem freien Verkehr außerhalb der Apotheken überlassen. OLG. Hamburg, 22. April 1929; OLG. Breslau, 25. Juni 1929; OLG. Naumburg, 1. August 1929 (68).

Biserierte Magnesia ist ein dem freien Verkehr entzogenes Gemisch zu Heilzwecken. KG., 22. März 1929 (35).

Bleipflaster ist ein dem freien Verkehr entzogenes Heilmittel. KG. 2. Juni 1908 (50).

Bleisalbe, die gegen verschiedenartige Hauterkrankungen, wie Drüsenanschwellung, gebraucht wird, ist ein Heilmittel und nicht ein kosmetisches Mittel. Mithin ist sie auch dem freien Verkehr nicht überlassen. KG. 2. Juni 1908.

Bleitoilettencreme darf wegen seines Bleigehaltes als kosmetisches Mittel auf Grund des Farbengesetzes nicht in Verkehr gebracht werden. KG. 3. Juli 1913 (56).

Blutauffrischungstee, diätetischer, des Thalysia-Hauses in Leipzig ist als Heilmittel dem freien Verkehr entzogen. OLG. Dresden, 10. August 1911 (66).

Blutreinigungspillen. Das Feilhalten von Blutreinigungspillen außerhalb der Apotheken ist nicht gestattet. KG. 22. Juli 1924 (62).

Blutreinigungstee. Ein als Vorbeugungsmittel bezeichneter Blutreinigungstee ist, wenn er als Mittel gegen Verstopfung verkauft wird, ein dem freien Verkehr entzogenes Heilmittel. KG. 10. März 1905 (22). — Blutreinigungstee soll, wie sein Name besagt, zur Verbesserung schlechten Blutes und zur Beseitigung der Folgeerscheinungen mangelhafter Blutbeschaffenheit dienen und darf deshalb außerhalb der Apotheken nicht verkauft werden. OLG. Köln, 10. Febr. 1906 (18); OLG. Köln, 19. Mai 1906 (45). — Blutreinigungstee, der ein Gemenge zerkleinerter Substanzen darstellt, und als Heilmittel dienen soll, ist dem freien Verkehr entzogen. KG. 24. April 1913 (37) und 9. Oktober 1913 (87).

Blutstiller, ein aus Alaun bestehender Ätzstift zur Stillung von Blutungen, ist dem freien Verkehr entzogen. KG. 14. Febr. 1910 (15).

Blutstockungsmittel. Mittel gegen Blutstockung im Sinne der Verordnung vom 9. Dezember 1924 (Verzeichnis C, Abt. C) sind nicht nur Spezialitäten, sondern auch alle sonstigen Mittel zu genanntem Zwecke. Bayer. OLG. 10. Juni 1926 (68).

Bonbons fallen allerdings regelmäßig nicht unter Nr. 9 des Verzeichnisses A; das schließt aber nicht aus, daß unter dem Namen „Bonbons" auch Zubereitungen feilgehalten werden können, welche als Pastillen, Plätzchen, Zeltchen oder Tabletten anzusehen sind. Es kommt in dieser Beziehung in erster Reihe auf die Form, dann aber auch auf die Herstellungsweise an. KG. 7. Oktober 1912 (1913 Nr. 9). — Für die Entscheidung der Frage, ob. Bonbons als Plätzchen oder Pastillen im Sinne der Ziff. 9 des Verzeichnisses A der Kaiserlichen Verordnung anzusehen sind, ist in erster Reihe die Form derselben (nicht aber die Art der Zubereitung und Zusammensetzung) maßgebend. Längliche Bonbons sind weder Pastillen noch Plätzchen. KG. 7. Januar 1909 (Med.-A. 1910 S. 232).

Borsalbe ist nicht als kosmetisches Mittel im Sinne der Kaiserlichen Verordnung über den Verkehr mit Arzneimitteln anzusehen. Sie ist nur als Heilmittel aufzufassen. Gutachten der Wissenschaftlichen Deputation für das Medizinalwesen vom 23. November 1910 (1911 Nr. 8). — Borsalbe ist ein für Menschen nur in Apotheken verkäufliches Mittel. Gutachten des Sächsischen Landesmedizinalkollegiums vom 28. März 1912. — Borsalbe zur Verwendung für Menschen ist den Apotheken vorbehalten, sofern es sich nicht um ein kosmetisches oder Desinfektionsmittel handelt. Allgemein freigegeben ist nur Borsalbe für Tiere. Die Bestimmungen in § 1 Abs. 2a der KaisV. kommen aber auch für solche Salben in Betracht, die für Menschen bestimmt sind. KG.

7. Januar 1909 (Med.-A. 1910 S. 232) und 22. September 1910 (80). — Borsalbe für Menschen ist dem freien Verkehr entzogen. OLG. Breslau, 29. Mai 1906 (1907) Nr. 85). — Borsalbe ist, wenn sie nur als kosmetisches Mittel dienen soll, auch zum Gebrauche für Menschen frei verkäuflich. KG. 16. Februar 1911 (17); OLG. Köln, 24. Februar 1911 (46). — Borsalbe ist nur dann freigegeben, wenn sie tatsächlich ein kosmetisches Mittel ist, und das entscheidet sich nicht danach, ob die Salbe als kosmetisches Mittel verkauft oder in eine Hülle gebracht wird, welche sie durch den Aufdruck oder dergleichen als kosmetisches Mittel erscheinen lassen will; maßgebend ist vielmehr, ob die Salbe objektiv Eigenschaften besitzt, welche nach den Erfahrungen der Wissenschaft oder des täglichen Lebens sie als kosmetisches Mittel in dem obigen gesetzlichen Sinne erscheinen lassen. OLG. Celle, 15. Januar 1906 (48). — Wenn nicht festgestellt werden kann, daß die Borsalbe als Heilmittel verkauft worden ist, ist ihr Vertrieb in Drogenhandlungen nicht strafbar. OLG. Celle, 11. Juni 1906 (54). — Das Vorhandensein von Borsalbe in Drogenhandlungen reicht zur Verurteilung nicht aus. Es muß festgestellt werden, daß sie dort auch feilgehalten und zum Gebrauche für Menschen verkauft ist. KG. 19. Juli 1905 (58).

Bortoilettencreme ist als kosmetisches Mittel dem freien Verkehr überlassen. OLG. Breslau, 14. Mai 1912 (56). — Wenn Bortoilettencreme in Drogenhandlungen lediglich zu Toilettezwecken verkauft wird, liegt eine srafbare Handlung nicht vor. OLG. Frankfurt a. M., 28. August 1912.

Borwasser, welches als Heilmittel dienen soll, ist dem freien Verkehr entzogen. OLG. Dresden, 22. September 1909 (KGA. VI S. 487).

Botal-Naphthol-Seifenlösung. Zusammengesetzte Mittel gegen Krätze sind dem freien Verkehr dann entzogen, wenn sie nicht Seifen im Sinne des § 1 (3) der Verordnung vom 22. Oktober 1901 darstellen. KG. 25. Juni 1926 (54).

Brandbinden, Bardelebens, sind dem freien Verkehr entzogen. OLG. Breslau, 5. Januar 1909 (4). — Brandbinden, Bardelebens, sind gemäß Bestimmung in § 1 Abs. 3 der Kaiserlichen Verordnung dem freien Verkehr überlassen. OLG. Breslau, 24. März 1908 (26 und 35).

Brockhaus-Tee ist dem freien Verkehr entzogen, denn er ist identisch mit dem Johannis-Tee, dessen Verkauf durch die Kaiserliche Verordnung vom 31. März 1911 den Apotheken vorbehalten ist. Ein nicht freigegebenes Präparat darf auch nicht unter anderem Namen in den Handel gebracht werden; maßgebend ist die Stoffzusammensetzung und nicht die Bezeichnung. OLG. Kiel, 12. September 1912.

Brotella wird weder in der medizinischen Wissenschaft noch im Verkehr als Arzneimittel angesehen. KG. 11. März 1927 (22).

Brustpulver darf von Drogisten nicht verkauft werden, da es nicht nur als Vorbeugungsmittel, sondern auch als Heilmittel gebraucht wird. OLG. Hamburg, Dezember 1905 (1906 Nr. 1).

Brustpulverbiskuits sind freigegeben. Brustpulver ist allerdings ein trockenes Gemenge im Sinne des Verzeichnisses A Nr. 4. Allein die Zubereitung, in der das Brustpulver in den Brustpulverbiskuits erscheint, ist nicht mehr die eines trockenen Gemenges, sondern es ist das Pulver durch den Prozeß des Verbackens mit einem Brotteig ein nicht unterscheidbarer Teil eines neuen gleichmäßigen Präparates geworden, das unter keine der im Verzeichnis A genannten Zubereitungen fällt. OLG. Hamburg, 30. Mai 1901 (1902 Nr. 11).

Brusttee. Wenn in Drogenhandlungen Brusttee, ohne festzustellen, welchem Zweck er dienen soll, verkauft wird, so liegt das unerlaubte Feilhalten eines dem freien Verkehr entzogenen Heilmittels vor. KG. 1. November 1904 (1905 Nr. 40). — Brusttee darf von Drogisten nicht verkauft werden, da er nicht nur als Vorbeugungsmittel, sondern auch als Heilmittel gebraucht wird. OLG. Hamburg, Dezember 1905 (1906 Nr. 1); KG. 8. März 1907 (90). — Ein aus ganzen Blüten und Früchten verschiedener Pflanzen bestehendes Gemisch als Brusttee zu vertreiben, ist nicht strafbar, da nur Gemische zerkleinerter Substanzen unter die Kaiserliche Verordnung fallen. OLG. Breslau, 25. Januar 1910 (11).

Carricin ist ein dem freien Verkehr entzogenes Heilmittel. KG. 4. August 1913 (65).

Chinalin ist kein Desinfektionsmittel, sondern ein dem freien Verkehr entzogenes Heilmittel. KG. 9. Oktober 1913 (87).

Chinawein, Scherings, ist ein dem freien Verkehr entzogenes Heilmittel. KG. 8. März 1907 (90). — Chinawein mit Eisen ist dem freien Verkehr entzogen. OLG. Frankfurt a. M., 28. Mai 1906 (KGA. V S. 494).

Chinosol-Tabletten zu innerlichem Gebrauch sind kein dem freien Verkehr überlassenes Desinfektionsmittel. Gutachten des Württembergischen medizinischen Landesuntersuchungsamts. OLG. Stuttgart, 26. Oktober 1927 (1928 Nr. 17 u. 20). — Chinosol-Tabletten müssen unter die Desinfektionsmittel im Sinne von § 1 Abs. 2 gerechnet werden und sind als solche frei verkäuflich. Gutachten des Sächsischen Landesmedizinalkollegiums vom 28. März 1912.

Chlorsaures Kali darf, da es unter das Verzeichnis der Gifte fällt, außerhalb der Apotheken nur zu einem in der Giftverordnung erlaubten Zweck abgegeben werden. Zu Heilzwecken darf die Abgabe des Mittels in Drogenhandlungen nicht erfolgen. KG. 6. Juni 1910 (50). — Der Handel mit chlorsaurem Kali wird nicht durch die Verordnung vom 22. Oktober 1901 betr. den Verkehr mit Arzneimitteln, sondern durch die Giftpolizeiverordnung beschränkt, da es zu den Giften der Abteilung 3 gehört. Gutachten des Sächsischen Landesmedizinalkollegiums vom 28. März 1912.

Cold-Cream. Eine als Cold-Cream bezeichnete Kühlsalbe ist dem freien Verkehr nur dann entzogen, wenn sie arzneilich wirkende Beimischungen von solcher Art und Menge enthält, daß sie nach der Verkehrsauffassung nicht mehr als Cold-Cream angesehen werden kann. KG., 17. Februar 1930 (27).

Condurangowein, Scherings, ist ein dem freien Verkehr entzogenes Heilmittel. KG. 8. März 1907 (90).

Coryfin-Bonbons sind als Zeltchen im Sinne der Kaiserlichen Verordnung vom 22. Oktober 1901 anzusehen, dürfen mithin als Heilmittel gegen Krankheiten außerhalb der Apotheken nicht feilgehalten und verkauft werden. KG. 9. Juni 1913 (48). — Coryfin-Bonbons sind dem freien Verkehr überlassen, da sie nicht zu den Pastillen im Sinne der Ziff. 9 des Verzeichnisses A der Verordnung vom 22. Oktober 1901 gehören. OLG. Naumburg, 2. Oktober 1912 (87).

Crescent gehört auch als Vorbeugungsmittel zu den Heilmitteln, weil hierunter auch die Mittel zu rechnen sind, die in vorbeugender Weise Krankheiten entgegenwirken sollen. Bayer. OLG., 16. Juli 1911 (57).

Cuprex ist ein Desinfektionsmittel und als solches außerhalb der Apotheken freiverkäuflich. KG. 11. März 1927 (22).

Curbitin-Schokolade ist ein dem freien Verkehr entzogenes trockenes Gemenge. OLG. Köln, 27. Juni 1904 (58).

Damen-Dragees gehören zu den in Nr. 9 des Verzeichnisses A der Verordnung vom 22. Oktober 1901 aufgeführten Tabletten. KG. 15. Februar 1921 (19).

Dansol als Rheumatismusmittel ist dem freien Verkehr entzogen. KG. 6. Februar 1911 (14).

Darman ist ein dem freien Verkehr entzogenes Heilmittel. KG. 12. Oktober 1911 (85).

Dermatol-Streupulver ist eine Zubereitung gemäß Verzeichnis A Ziff. 4 und als solche zu Heilzwecken auf die Apotheken beschränkt. Gutachten des Sächsischen Landesmedizinalkollegiums vom 28. März 1912.

Desinfektionsmittel. Die Ausnahmebestimmung betr. Desinfektionsmittel in § 1 Abs. 2a der Verordnung vom 22. Oktober 1901 setzt nach Wortlaut, Sinn und Zweck der Verordnung voraus, daß das Mittel gerade in seiner desinfizierenden Wirkung zur Anwendung kommen soll. Wenn ein Mittel, das an sich objektiv Desinfektionsmittel ist, im Einzelfall als Heilmittel zur Erzielung einer anderen als desinfizierenden Wirkung abgegeben wird, so trifft die Ausnahmebestimmung zugunsten des Desinfektionsmittels nicht zu. Innerliche Anwendung schließt die Annahme, daß ein Mittel als Desinfektionsmittel verwendet wird, überhaupt aus. Innerliche Anwendung eines Mittels ist keine Anwendung als Desinfektionsmittel. OLG. Stuttgart, 26. Oktober 1927 (1928 Nr. 17 u. 20). — Ein Desinfektionsmittel im Sinne des § 1 Abs. 2a der Verordnung vom 22. Oktober 1901 ist eine Zubereitung, die nach Auffassung der Pharmakologie und der beteiligten Kreise als Mittel zur Vernichtung von Krankheitskeimen in Betracht kommt, auch wenn sie daneben Heilwirkungen hat. KG 21. April 1913 (Med.-A. 1913 S. 384). — Eine Zubereitung zur Vernichtung von Krankheitskeimen verliert ihre Eigenschaft als Desinfektionsmittel dadurch nicht, daß sie innerlich genommen und verdaut wird. KG. 24. April 1913 (37).

Destillate. Zubereitungen, bei denen nach erfolgter Mischung oder Lösung eine Destillation erfolgt, müssen, wenn mehr als ein Bestandteil der Mischung oder Lösung flüchtig ist, als flüssiges Gemisch oder Lösung im pharmazeutischen Sinne und im Sinne der Kaiserlichen Verordnung vom 22. Oktober 1901 angesehen werden, da durch eine Destillation an dem Charakter der Flüssigkeit als Mischung oder Lösung nichts geändert wird. Gutachten des Kaiserlichen Gesundheitsamtes. 1908 (92). — Destillate sind Lösungen bzw. flüssige Gemische im Sinne der Ziff. 5 des Verzeichnisses A der Kaiserlichen Verordnung. Med.-Kollegium der Provinz Schlesien, 8. Februar und 22. Juli 1912 (28 u. 93). — Destillate sind nicht grundsätzlich freigegeben, es muß vielmehr der Entscheidung im Einzelfall überlassen bleiben, ob das jeweilig in Rede stehende, durch Destillation gewonnene Produkt vermöge seiner sonstigen Eigenart so beschaffen ist, daß es unter eine der im Verzeichnis A aufgezählten Kategorien, insbesondere unter die in Nr. 5 genannten Gemische und Lösungen, einzureihen ist. OLG. Breslau, 11. Juni 1907 (69). — Destillate sind Lösungen. Es steht nichts im Wege, die durch Destillation erzielten Verdünnungen von ätherischen Ölen als Lösungen im Sinne der Verordnung über den Verkehr mit Arzneimitteln auzusehen. OLG. Posen, 9. Juni 1906 (64). — Abgesehen von den in der Kaiserlichen Verordnung aufgeführten Ausnahmen sind auch Destillate unter die Lösungen mit zu rechnen, insbesondere wenn das betreffende Mittel sowohl im Wege der Lösung als durch Destillation hergestellt werden kann. OLG. Braunschweig, November 1909 (93), 7. April 1910 (KGA. VI S. 491). — Destillate gehören nicht zu den durch Verzeichnis A der Kaiserlichen Verordnung den Apotheken vorbehaltenen Zubereitungen. KG. 5. Mai 1902 (38). — Destillate aus Drogen und Spiritus sind nicht als Gemische, sondern als neue Stoffe anzusehen, und sind den Beschränkungen der Verordnung nicht unterworfen. KG. 6. Mai 1907 (71). — Destillate sind keine Lösungen, sie sind auch weder Abkochungen oder Aufgüsse, noch Auszüge in flüssiger Form. Das Destillieren ist überhaupt keine pharmazeutische Zubereitung und fällt deshalb nicht unter die Abteilung A der Kaiserlichen Verodnung. KG. 6. September 1907 (78). — Destillate sind dem freien Verkehr überlassen. Die Meinung, wonach die Destillate unter Ziff. 5 des Verzeichnisses fielen, erscheint rechtsirrtümlich. OLG. Breslau, 26. Mai 1908 (53) und 30. April 1912 (60). — Destillate fallen an sich nicht unter die Anlage A der Kaiserlichen Verordnung und sind daher als solche dem freien Verkehr nicht entzogen. Damit ist aber nicht gesagt, daß alle Destillate grundsätzlich und schlechthin von dem im § 1 der Verordnung enthaltenen Verbot auszunehmen seien. Vielmehr muß es der Entscheidung im Einzelfalle überlassen bleiben, ob das jeweilig in Rede stehende, durch Destillation gewonnene Produkt vermöge seiner sonstigen Eigenart so beschaffen ist, daß es unter die in Nr. 5 des Verzeichnisses A genannte Kategorie der Lösungen und flüssigen Gemische einzureihen ist. OLG. Breslau, 13. Juni 1911 (59). — Der Grundsatz, daß Destillate frei verkäuflich sind, wird nur dann eingeschränkt werden müssen, wenn feststeht, daß eine Destillation nur zum Schein oder in der Absicht, das Gesetz zu umgehen, vorgenommen worden ist. Bei Vereinigung mehrerer Zubereitungsformen kommt es darauf an, welche Erzeugungsform die wesentliche für das fertige Erzeugnis ist. KG. 27. November 1908; KG. 11. Mai 1909 (Med.-A. 1910 S. 91 u. 92). — Destillate sind durch § 1 der Kaiserlichen Verordnung vom 22. Oktober 1901 mit einigen Ausnahmen den Apotheken nicht vorbehalten. Durch Destillation muß aber eine „Zubereitung", d.h. etwas Neues entstanden sein; nur in ihrer Eigenschaft als Zubereitungen sind die Destillate freigegeben. Hat durch die Destillation eine Zubereitung, d. h. eine Veränderung im Wesen des Mittels nicht stattgefunden, ist das Mittel nach der Destillation in seinem Wesen unverändert geblieben, so kommt ein Destillat im Sinne der Kaiserlichen Verordnung von 1901 nicht in Frage. KG. 7. Januar 1909 (Med.-A. 1910 S. 232), 9. November 1908 (92) und 20. März 1911 (92); OLG. Hamburg. 11. März 1910 (36); OLG. Naumburg, 15. August 1911 (69); OLG. Kiel, 5. Februar 1910 (KGA. VI S. 462). — Dem Apothekenzwang sind die reinen Destillate, d. h. diejenigen, bei denen die Destillation unentbehrlich ist, um ein verkehrsfähiges Erzeugnis zu erhalten, nicht unterworfen, wohl aber Destillate, bei denen die Destillation das Wesen oder wesentliche Eigenschaften des Erzeugnisses nicht verändert und auch nicht zum Zwecke der Zubereitung, sondern zu einem anderen Zwecke, insbesondere zum Zwecke der Umgehung der Kaiserlichen Verordnung erfolgt ist. OLG. Dresden, 9. August 1911 (85). — Die reinen Destillate unterliegen dem Apothekenzwange nicht. Als reine Destillate in diesem Sinne sind aber nur solche Erzeugnisse anzusehen, zu deren Fertigstellung die Destillation ganz unentbehrlich ist. Falls aber die Destillation lediglich zur Umgehung der Kaiserlichen Verordnung zu dienen bestimmt ist, kann das Erzeugnis nicht als reines Destillat anerkannt werden. In letzterem Falle darf das Heilmittel nur nach der zu seiner Herstellung wirklich erforderlichen Zubereitungsart beurteilt werden und unterliegt dann dem Apothekenzwang, wenn diese Zubereitungsart zu den im Verzeichnis A aufgeführten gehört. Bayer. OLG., 3. Dezember 1910 (1911 Nr. 57). — Die durch Destillation gewonnenen Erzeugnisse sind dem freien Verkehr nicht entzogen. Die letzte Zubereitungsart entscheidet den Charakter des Mittels. Voraussetzung ist nur, daß es sich um ein wirkliches Destillat handelt, bei welchem die Destillation das zur Herstellung wesentliche Verfahren bildet. Eine Lösung, ein Gemisch, ein Auszug ist nicht deshalb, weil sie (überflüssigerweise) destilliert wurden, dem Verkehr freigegeben. Muß sich die Destillation notwendig anschließen, um das Erzeugnis in seiner verkehrsfähigen Gestaltung herzustellen, so entscheidet diese letzte Zubereitungsform für die Eigenschaft des Erzeugnisses als verkehrsfreies Destillat. OLG. Stuttgart, 11./18.März 1912 (51).

Doppelherz-Eisentinktur ist nach den auf der Packung vermerkten Anpreisungen als Heilmittel anzusehen. OLG. Düsseldorf, 14. November 1928 (1929 Nr. 1). — Als Mittel zur Linderung und Beseitigung von Bleichsucht und Blutarmut ist die Doppelherz-Eisentinktur dem Verkehr außerhalb der Apothcken entzogen. Bayer. OLG. 11. Februar 1929 (68).

Dragees Bengué sind kein Desinfektionsmittel im Sinne von § 1 Abs. 2, sondern ein unter Verzeichnis A Ziff. 9 fallendes Heilmittel. Ihr Verkauf ist somit auf die Apotheken beschränkt. Gutachten des Sächsischen Landesmedizinalkollegiums vom 28. März 1912.

Dynamin darf, auch wenn es als Nähr- und Kräftigungsmittel bezeichnet ist, als Heilmittel in Drogenhandlungen nicht feilgehalten und verkauft werden. OLG. Breslau, 5. Juni 1903 (1905, Nr. 40).

Eisenkraftessenz dient als Heilmittel und darf deshalb in Drogenhandlungen nicht feilgehalten werden. KG. 17. Oktober 1904 (1905 Nr. 40).

Eisenmanganessenz ist ein dem freien Verkehr entzogenes Heilmittel. OLG. Naumburg, 30. Juni 1907 (76); OLG. Dresden, 29. August 1906 (1907 Nr. 85).

Eisenoxydlösung in Malagawein ist als Heilmittel dem freien Verkehr entzogen. Bayer. OLG., 26. August 1914 (77).

Eisenpräparat. Ein zusammengesetztes Eisenpräparat, das gegen Bleichsucht dienen soll, ist ein dem freien Verkehr entzogenes Heilmittel. KG. 25. April 1910 (36).

Eisensomatose ist ein dem freien Verkehr überlassenes chemisches Präparat. Med.-Kollegium der Provinz Hannover, 25. September 1900 (92).

Eisentinktur, aromatische, die gegen Blutarmut, Verdauungsstörungen usw. erfolgreich Anwendung finden soll, ist ein dem freien Verkehr entzogenes Heilmittel. KG. 6. September 1907 (74); KG. 17. Oktober 1904 (1905 Nr. 40); OLG. Naumburg, 30. Juli 1907 (76). — Eisentinktur, aromatische, Sicco ist, da die Packung die Tinktur einerseits nur als blutbildendes Nähr- und Kräftigungsmittel bezeichnet und sie andererseits im Verzeichnis B der Verordnung nicht genannt ist, dem freien Verkehr nur dann entzogen, wenn sie nachweislich als Heilmittel angeboten und verkauft wird. Bayr. OLG. 16. November 1926 (97).

Eisentinkturen sind nicht Kräftigungs- sondern Heilmittel, weil sie ganz bestimmte Heilstoffe enthalten. Sie fallen ihrer Zusammensetzung nach unter die Zubereitungen des Verzeichnisses A Ziff. 3 u. 5. Gutachten des Sächsischen Landesmedizinalkollegiums vom 28. März 1912.

Eisentropon ist ein Heilmittel und als solches dem Verkehr außerhalb der Apotheken entzogen. OLG. Dresden, 19. Februar 1928 (16).

Entfettungstabletten fallen unter Nr. 9 A der Kaiserlichen Verordnung vom 22. Oktober 1901 und dürfen nur in Apotheken feilgehalten oder verkauft werden. KG. 3. Oktober 1907 (81).

Eukalyptus-Menthol-Bonbons sind freigegeben. Sie fallen nicht unter den Begriff der Pastillen im Sinne der Ziff. 9 des Verzeichnisses A der Kaiserlichen Verordnung, da Bonbons hinsichtlich ihrer Herstellungsart von den Pastillen durchaus verschieden sind. OLG. Hamm, 12. August 1907 (96).

Eukalyptusöl gehört nicht zu den Gegenständen des Wochenmarktverkehrs, sondern zu den vom Handel im Umherziehen ausgeschlossenen Arzneimitteln. KG., 2. Januar 1930 (11).

Fenchelhonig, der sich nicht als Honig, sondern als ein künstliches flüssiges Gemisch erweist, ist dem freien Verkehr nicht überlassen. KG. 11. März 1907 (23).

Fenchelwasser ist ein dem freien Verkehr überlassenes Destillat. OLG. Breslau, 13. Juni 1911 (59).

Ferratose ist eine dem freien Verkehr entzogene Lösung im Sinne der Ziff. 5 des Verzeichnisses A der Kaiserlichen Verordnung. KG. 2. Juni 1902 (47).

Fertol, ein Mittel in Tafelform, ist dem freien Verkehr überlassen, da Tafeln weder zu den trockenen Gemengen noch zu den Tabletten gehören. OLG. Breslau, 13. Oktober 1914.

Fleco-Flechtenseife, die ohne Wasser wie eine Salbe angewendet wird, ist eine dem freien Verkehr entzogene Heilsalbe. KG. 14. Februar 1910 (15).

Flüchtige Salbe gehört zu denjenigen Zubereitungen, welche als Heilmittel nur in Apotheken feilgehalten oder verkauft werden dürfen. OLG. Breslau, 27. Juni 1899 (1902 Nr. 3).

Flucolbonbons, die in Pastillenform gebracht sind, sind Pastillen im Sinne der Kaiserlichen Verordnung und demgemäß dem freien Verkehr entzogen. OLG. Posen, 9. Juni 1906 (64).

Flucos Augentrost darf als Heilmittel außerhalb der Apotheken nicht feilgehalten oder verkauft werden. OLG. Breslau, 24. Mai 1907 (Med.-A. 1911 S. 52).

Flucos diätetischer Tee. Wenn auch der Tee durch den Aufdruck als Vorbeugungsmittel bezeichnet wird, so muß, um die Freisprechung ausreichend zu begründen, doch festgestellt sein, daß der Tee auch tatsächlich nur als Vorbeugungsmittel zu brauchen ist. OLG. Breslau, 7. April 1908 (30).

Forbil, ein Abführmittel in Tafelform, ist dem freien Verkehr überlassen, da Tafeln unter keine der im Verzeichnis A genannten Zubereitungsformen fallen. OLG. Naumburg, 25. November 1914.

Formamint-Tabletten sind kein Desinfektionsmittel im Sinne von § 1 Abs. 2, sondern Heilmittel und als solche nur in Apotheken verkäuflich. Gutachten des Sächsischen Landesmedizinalkollegiums vom 28. März 1912. — Formamint-Tabletten sind ein freigegebenes Desinfektionsmittel. Es kommt lediglich darauf an, ob das Mittel wesentlich zur Desinfektion, d. h. zur Beseitigung schädlicher Krankheitskeime, bestimmt ist und verwendet wird; ist dies der Fall, so ist es unerheblich, ob diese Beseitigung innerlich oder äußerlich stattfindet. KG. 24. April 1913 (37).

Fortisin, das als Mittel gegen Mannesschwäche dienen soll, ist ein Heilmittel und darf deshalb nur in Apotheken feilgehalten und verkauft werden. KG. 3. Mai 1909 (37).

Frauenwohl-Tropfen sind, auch wenn sie durch Destillation hergestellt sind, dem freien Verkehr entzogen. OLG. Braunschweig, 7. April 1910 (KGA. VI S. 491).

Freßpulver. Schweine-Freß- und Mastpulver ist dem freien Verkehr überlassen. OLG. Köln, 24. Juli 1907 (KGA. V S. 501). — Pferde-Freßpulver ist, wenn es nicht als Heilmittel, sondern nur als Anregungsmittel verkauft wird, dem freien Verkehr überlassen. OLG. Breslau, 13. Juni 1911 (59).

Frostheil, Dr. Bufleb. Bei Mitteln gegen Erfrierungen ersten Grades überwiegt das kosmetische Bedürfnis das Heilbedürfnis. Sie sind mithin als freigegebene kosmetische Mittel anzusehen. OLG. Stettin, 11. April 1927 (32).

Frostseife ist dem freien Verkehr überlassen, da alle Seifen zu äußerlichem Gebrauche und Bäderzubereitungen in der Kaiserlichen Verordnung ausdrücklich freigegeben sind. OLG. Naumburg, 8. April 1911 (41).

Frosttubex-Creme ist nach den auf der Packung vermerkten Anpreisungen als Heilmittel anzusehen. OLG. Düsseldorf, 14. November 1928 (1929 Nr. 1).

Fucosolvin ist ein dem freien Verkehr entzogenes Heilmittel. KG. 25. September 1925 (84).

Fußschweißmittel sind, wenn sie als solche abgegeben bzw. feilgeboten werden und Zubereitungen im Sinne des Verzeichnisses A darstellen, dem freien Verkehr außerhalb der Apotheken entzogen. OLG. Hamm, 12. November 1927 (1928 Nr. 1).

Geno-Salz. Die Packungsaufschrift „Wer sich gesund erhalten will, nehme jeden Morgen eine Dosis Genosalz" charakterisiert das Salz als Vorbeugungsmittel und schließt eine Bestrafung wegen Feilhaltens eines dem freien Verkehr entzogenen Heilmittels aus. OLG. Kiel, Dezember 1926 (1927 Nr. 1).

Gesundheitstee. Das Gericht hat zu prüfen, ob der Tee ausdrücklich oder stillschweigend zu dem Zwecke verkauft ist, um damit Krankheiten zu heilen. OLG. Hamburg, Juli 1928 (58). — Gesundheitstee zur Blutreinigung ist kein Heilmittel, denn unter einem solchen ist nur ein Mittel zu verstehen, das zur Abwendung einer bereits bestehenden Krankheit angewandt, nicht aber ein solches, das benutzt wird, um lediglich einer Krankheit vorzubeugen. OLG. Frankfurt a. M., 7. November 1902 (92).

Gichtwatte ist gemäß der Bestimmung in § 1 Abs. 3 der Kaiserlichen Verordnung dem freien Verkehr überlassen. OLG. Breslau, 24. März 1908 (26 u. 35). — Gichtwatte, hergestellt durch einseitiges Bestreichen von Watte mit einem Gemisch aus Benzoeharz, Sandelholz, Kanthariden und Alkohol, ist dem freien Verkehr überlassen. OLG. Hamburg, 15/.19. Febrar 1909 (45).

Glyzerinboratozon ist als Heilmittel anzusehen und als solches dem freien Verkehr außerhalb der Apotheken entzogen. KG. 1. Februar 1926 (14).

Graue Salbe ist nur dann dem freien Verkehr entzogen, wenn sie als Heilmittel, d. h. als Mittel gegen Krankheiten dienen soll. Das Behaftetsein mit Filzläusen ist aber nur dann als Krankheit anzusehen, wenn die Läuse sich in die Haut einfressen. KG. 31. März 1910 (Med.-A. 1910 S. 230). — Graue Quecksilbersalbe gegen Läuse ist kein freigegebenes Kosmetikum oder Desinfektionsmittel, da sie niemand zur Vernichtung von Bakterien oder zur Reinigung oder Pflege der Haut gebraucht, sondern sie ist ein dem freien Verkehr entzogenes Heilmittel. Bei Tieren ebenso wie bei Menschen stellt sich das Behaftetsein mit Läusen als ein Krankheitszustand dar, da diese Parasiten auf dem Körper nisten, in und unter die Haut eindringen und dadurch Störungen des körperlichen Wohlbefindens hervorrufen. OLG. Rostock, 20. Oktober 1909 (Med.-A. 1911 S. 79). — Das Feilhalten von grauer Salbe als Ungezieferpomade verstößt gegen das Reichsfarbengesetz vom 5. Juli 1887. OLG. Hamm, 17. Juni 1927 (89). — Graue Salbe, die als Mittel zur Vertilgung von Kopfläusen dienen soll, ist ein kosmetisches Mittel, d. h. ein Mittel zur Reinigung der Haut und des Haares, und darf deshalb in Drogenhandlungen verkauft werden. OLG. Breslau, 23. Juni 1903 (59); OLG. Celle, 14. September 1905 (85); KG. 6. September 1907 (80); OLG. Köln, 24. Februar 1911 (46). — Graue Salbe als Ungeziefervertilgungsmittel für Tiere ist dem freien Verkehr überlassen. OLG. Dresden, 16. Juni 1908 (101).

Graziana, ein Mittel in Pillenform gegen Fettleibigkeit, ist dem freien Verkehr entzogen. Auf die Zusammensetzung der Pillen kommt es nicht an. KG. 15. Juni 1911 (50).

Haberechts Tee ist ein dem freien Verkehr entzogenes Heilmittel. KG. 8. März 1907 (90). — Haberechttee ist dem freien Verkehr entzogen. Verstopfung ist eine Krankheit, Abführmittel sind mithin Heilmittel. OLG. Breslau, 7. Juni 1910 (70).

Hair-grower darf als Mittel zur Beseitigung von Kahlköpfigkeit und Haarausfall außerhalb der Apotheken nicht verkauft werden. KG. 21. Oktober 1909 (87).

Hämaticum Glausch ist dem freien Verkehr überlassen. OLG. Köln, 24. Juli 1907 (85). — Bei der Entscheidung über die Freiverkäuflichkeit von Hämaticum Glausch ist das Gutachten der Wissenschaftlichen Deputation für das Medizinalwesen hinsichtlich des ähnlich gearteten Mittels Hämatogen vom 11. Dezember 1912 zu beachten, in dem dieses als ein dem freien Verkehr überlassenes Kräftigungsmittel anerkannt wurde. Bei der Prüfung, ob das Mittel tatsächlich als Heilmittel feilgehalten ist, kann nicht den Ausschlag geben, ob es in den beigefügten Drucksachen als Heilmittel oder als Nähr- und Kräftigungsmittel bezeichnet ist, sondern ob der angegebene Verwendungszweck es dieser oder jener Gruppe zuweist. KG. 25. Juni 1926 (54).

Hämatogen ist ein Heilmittel und als solches dem freien Verkehr nicht überlassen. OLG. Hamburg, 11. Juli 1901 (1902 Nr. 11); OLG. Breslau, 26. März 1901 (30) und 5. Januar 1909 (4); Technische Kommission für pharmazeutische Angelegenheiten (1900 Nr. 87). — Hämatogen kann als Kräftigungsmittel genommen werden, ist aber vorzugsweise und überwiegend ein Heilmittel. Gutachten des Sächsischen Landesmedizinalkollegiums vom 28. März 1912. — Hämatogen ist ein dem freien Verkehr entzogenes Heilmittel, da es anderen als Heilzwecken gar nicht dienen kann. OLG. Stettin, 23. Dezember 1910 (47). — Hämatogen, welches zur Beseitigung oder Linderung von Krankheiten, wie Blutarmut, Rachitis u. dgl. dienen soll, ist ein Heilmittel, da es dazu bestimmt ist, einen anormalen Gesundheitszustand in einen normalen zurückzuführen. OLG. Frankfurt a. M., 12. August 1903 (66). — Hämatogen ist, wenn es als Heilmittel dienen soll, dem freien Verkehr entzogen. OLG. Köln, 27. Dezember 1900 (1902 Nr. 11); OLG. Frankfurt a. M., 27. April und August 1904 (39 u. 68); KG. 21. Mai 1901, 17. Oktober 1904 (KGA. IV S. 605), 30. August 1908. — Hämatogen ist nur dann dem freien Verkehr entzogen, wenn der (wenigstens eventuelle) Dolus, daß die Abgabe als Heilmittel erfolgt ist, nachgewiesen werden kann. OLG. Breslau, 26. Mai 1908 (53). — Hämatogen ist im wesentlichen als ein eisenreiches Nährmittel zu betrachten, das nur mittelbar Heilzwecken dient und dem eine eigenartige heilende Wirkung auf bestimmte Organe nicht zukommt. Das Hämatogen ist mithin dem freien Verkehr überlassen. Gutachten der Wissenschaftlichen Deputation für das Medizinalwesen vom 11. Dezember 1912 (1913 Nr. 17); OLG. Stettin, 11. April 1927 (32). — Hämatogen ist nur dann dem freien Verkehr entzogen, wenn es als Heilmittel feilgehalten oder verkauft wird. Als Nähr- und Kräftigungsmittel ist es freigegeben. OLG. Köln, 8. Juni 1907 (51), 3. September 1908 und 24. Juli 1907 (85).

Hämatogenpastillen sind als Heilmittel dem freien Verkehr entzogen. KG. 4. und 29. September 1902 (75 u. 81).

Hämatopan ist nach den auf der Packung vermerkten Anpreisungen als Heilmittel anzusehen. OLG. Düsseldorf, 14. November 1928 (1929 Nr. 1). — Hämatopan ist ein Nähr- und Kräftigungsmittel und mithin dem freien Verkehr überlassen. OLG. Stettin, 11. April 1927 (32).

Hamburger Universalheilpflaster von Köpke in Hamburg ist dem freien Verkehr nicht überlassen. RG. 18. Juli 1901 (59). — Hamburger Pechpflaster ist dann als nicht freigegeben anzusehen, wenn es hauptsächlich aus Bleipflaster besteht und der Abgebende von dieser Tatsache Kenntnis haben mußte. KG. 27. Februar 1911 (20).

Hämorrhoidalliköressenz, Reichels, ist dem freien Verkehr entzogen. KG. 17. Juni 1909 (51).

Hämorrhoidalpaste Frapa ist eine dem freien Verkehr entzogene Heilsalbe, nicht aber ein Desinfektionsmittel. KG. 23. November 1914 (98).

Hämorrhoidalstangen sind ein den Apotheken vorbehaltenes Heilmittel. OLG. Kiel, März 1914 (23).

Harzer Gebirgstee ist ein unter Ziff. 4 des Verzeichnisses A der Kaiserlichen Verordnung fallendes Heilmittel. OLG. Hamburg, 11. Juli 1901 (1902 Nr. 11); KG. 8. März 1907 (90). — Der Verkauf von Harzer Gebirgstee in Drogenhandlungen ist, selbst wenn der Kaufende fragt, ob der Tee auch gut gegen Verstopfung ist, nicht ohne weiteres strafbar, da daraus nicht hervorgeht, ob der Kaufende den Tee zu Heilzwecken erwerben wollte. KG. 10. Januar 1905 (13).

Hazeline-Cream ist, wenn er nur als kosmetisches Mittel feilgehalten oder verkauft wird, dem freien Verkehr überlassen. OLG. Breslau, 29. August 1906 (77).

Heilit ist, da es ein reines Destillat ist und der Destillationsprozeß bei der Herstellung des Präparates aus berechtigten Gründen gewählt wurde, freiverkäuflich. KG., 2. November 1929 (1930 Nr. 10 u. 13).

Hellwigs Lebensbitter ist ein dem freien Verkehr entzogener Drogenauszug zu Heilzwecken. KG., 22. März 1929 (35).

Herniapillen als Heilmittel fallen unter die Kaiserliche Verordnung vom 22. Oktober 1901, sind also dem freien Verkehr entzogen. Ein Irrtum des Angeklagten über die Freiverkäuflichkeit der Pillen ist strafrechtlicher Art, kann ihn also nicht vor Strafe schützen. KG. 7. April 1913 (33).

Hienfong-Essenz ist, auch wenn sie durch Destillation hergestellt ist, als eine dem freien Verkehr entzogene Lösung anzusehen. OLG. Celle, 22. Januar 1906 (25); OLG. Breslau, 11. Juni 1907 (69). — Hienfong-Essenz, Destillat nach Dr. Schöpfer, ist als Heilmittel dem freien Verkehr entzogen. OLG. Jena, 17. Mai 1929 (71). — Hienfong-Essenz ist entweder eine Lösung oder ein Destillat, nicht aber eine Mischung von beiden. Von entscheidender Bedeutung ist die letzte Zubereitung. KG. 28. Dezember 1911 (1912 Nr. 2). — Hienfong-Essenz, die lediglich durch Destillation hergestellt ist, ist freigegeben. OLG. Breslau, 26. Mai 1908 (53) und 30. April 1912 (60). — Hienfong-Essenz Reichels ist kein Gemisch im Sinne der Kaiserlichen Verordnung, sondern ein dem freien Verkehr überlassenes Destillat. OLG. Breslau, 30. April 1912 (60).

Hoffmannstropfen sind freigegeben. Polizeiverordnungen, welche den Verkauf von Hoffmannstropfen in Drogenhandlungen nur gegen ärztliches Rezept als zulässig erklären, sind ungültig. KG. 25. September 1905 (78).

Höllensteinstifte sind dem freien Verkehr dann entzogen, wenn sie als Heilmittel verkauft oder feilgehalten werden. KG. 6. November 1924 (91). — Es ist sehr wohl möglich, daß Höllensteinstifte auch als Schönheits- oder Reinlichkeitsmittel in Betracht kommen und als solche verkauft werden, z. B. zur Entfernung vereinzelt auftretender Warzen, die nicht ohne weiteres als Krankheit anzusprechen sind. KG. 6. November 1924 (1925 Nr. 12).

Holztee, gemischter, ist ein dem freien Verkehr entzogenes Heilmittel. KG. 8. März 1907 (90).

Homöopathische Arzneimittel sind keineswegs schon an sich dem freien Verkehr überlassen, sondern in dieser Beziehung wie alle übrigen Arzneimittel zu beurteilen. OLG. Breslau, 21. Mai 1901 (45).

Dr. Hübeners Lebenssalz ist dem Apothekenzwange nicht unterworfen, da es nach Zusammensetzung und Mengenverhältnis der einzelnen Bestandteile ungefähr dem Salz einer als Vorbild dienenden natürlichen Quelle entspricht. OLG. Düsseldorf, 14. November 1928 (1929 Nr. 1).

Hundeseifencreme Caro, bestehend aus 75 % Schmierseife, 10 % Schwefel und 15 % Teer, ist als eine freigegebene Seife anzusehen. OLG. Dresden, 30. September 1908 (101).

Hustentropfen, Reichels, sind auch als Destillate dem freien Verkehr entzogen. OLG. Breslau, 11. Juni 1907 (69). — Hustentropfen, Reichels, sind dem freien Verkehr in jedem Falle entzogen, da sie entweder als Lösungen oder als Auszüge im Sinne des Verzeichnisses A anzusehen sind. OLG. Frankfurt a. M., 22. April 1907 (Med.-A. 1910 S. 237). — Reichels Hustentropfen sind als Lösung im Sinne des Verzeichnisses A, Ziff. 5 der Verordnung vom 22. Oktober 1901 anzusehen und mithin nicht freiverkäuflich. OLG. Dresden, 5. November 1930 (103/104). — Hustentropfen, Reichels, sind als Destillat dem freien Verkehr überlassen. KG. 11. Mai 1909 (KGA. VI S. 435); OLG. Hamburg, 11. März 1910 (36).

Hustentropfen, Rex, ein spirituöses Destillat aus Thymian, Salbei, Fenchel, Pimpinell, Süßholz, Anis und Kardamomen ist nicht ohne weiteres als ein dem freien Verkehr entzogenes Gemisch anzusehen. Es kommt darauf an, ob das Destillat wesentliche Unterschiede gegenüber der Mischung und Lösung bietet. OLG. Köln, 7. Oktober 1910 (86).

Insektenstifte sind dem freien Verkehr überlassen, da sie keine Ätzstifte sind. KG. 14. Februar 1910 (15).

Isn, eine Lösung, darf als Heilmittel nur in Apotheken feilgehalten und verkauft werden. Für die Abgabe als Heilmittel kommt es nicht auf die wörtliche Bezeichnung als Heilmittel, sondern auf den Zweck an, dem das Mittel dienen soll. OLG. Hamburg, 31. Januar 1908. (KGA. VI S. 498). — Isn ist, wenn es nur als Nährmittel dienen soll, dem freien Verkehr überlassen. OLG. Düsseldorf, 17. April 1909 (47).

Jacobis Heiltrank ist ein dem freien Verkehr entzogenes flüssiges Gemisch. Auch die unentgeltliche Abgabe desselben außerhalb der Apotheken ist strafbar. KG. 29. September 1902 (80).

Johannisbeersaft, schwarzer, ist als freigegebener Obstsaft anzusehen. OLG. Breslau, 13. Juni 1911 (59).

Kakaol ist ein dem freien Verkehr entzogenes Heilmittel. KG. 30. April 1908 (38).

Kälberpulver, das als Mittel gegen Durchfall der Kälber dienen soll, ist ein dem freien Verkehr entzogenes Heilmittel. Bayer. OLG., 15. März 1910 (Med.-A. 1910, S. 383).

Kalkhämatogen ist ein Heilmittel und als solches dem freien Verkehr außerhalb der Apotheken entzogen. OLG. Dresden, 19. Februar 1928 (16).

Kalzantabletten fallen unter das Verzeichnis A der Verordnung vom 22. Oktober 1901. Verurteilung eines Drogisten kann jedoch nur erfolgen, wenn der Nachweis erbracht ist, daß er, sei es auch nur mit dolus eventualis, die Tabletten zu Heilzwecken feilgehalten oder verkauft hat. Andernfalls liegt die Möglichkeit vor, daß sie erlaubterweise als Nähr kräftigungsmittel feilgehalten wurden. KG. 25 Januar 1924 (11). — Kalzan ist im wesentlichen ein diätetisches Nährmittel und Vorbeugungsmittel und kann mithin außerhalb der Apotheken feilgehalten werden. Unter § 2 der

Verordnung vom 22. Oktober 1901 fällt Kalzan trotz seines Gehaltes an milchsaurem Kalzium nicht, da nur die Milchsäure und ihre Salze als solche, nicht aber deren Zubereitungen von der Bestimmung in § 2 betroffen werden. OLG. Oldenburg, 23. April 1928 (67 und 72).

Kampferöl gehört zu den Zubereitungen im Verzeichnis A Ziff. 5. Das Feilhalten zu Heilzwecken auch für Tiere ist nur den Apotheken gestattet. Gutachten des Sächsischen Landesmedizinalkollegiums vom 28. März 1912.

Kampfervaseline ist ein kosmetisches Mittel und daher dem freien Verkehr überlassen. Gutachten der Wissenschaftlichen Deputation für das Medizinalwesen 1910 (68).

Kapsikumtinktur. Das Vorhandensein der unvermischten Tinktur in den Geschäftsräumen rechtfertigt die Annahme, daß sie als Heilmittel feilgehalten sei, um so weniger, als die Tinktur als Zusatz zu dem freiverkäuflichen Restitutionsfluid verwendet wird. KG. 25. Juni 1926 (54).

Karbolsalbe. Der Umstand, daß ein Desinfektionsmittel Karbolsäure enthält, schließt seinen Verkauf außerhalb der Apotheken nicht aus. KG. 22. November 1909 (Med.-A. 1910 S. 86).

Karbolwasser, welches zum äußerlichen Gebrauch dienen soll, ist auch als Heilmittel dem freien Verkehr überlassen. KG. 24. Mai 1907 (56).

Kartoffelstärke. Unter die trocknen Gemenge von Salzen oder zerkleinerten Substanzen, welche nach dem Verzeichnis A Ziff. 4 der Verordnung vom 22. Oktober 1901 den Apotheken vorbehalten sind, fällt (mit einem anderen Stoffe gemischte) Kartoffelstärke nicht, da sie von vornherein in Pulverform erscheint, daher nicht als zerkleinert bezeichnet werden kann. KG. 12. November 1906 (92).

Pfarrer Kneipps Pillen, die blutreinigend wirken und Stuhlverstopfung beseitigen sollen, sind dem freien Verkehr entzogen. KG. 14. Juli 1913 (59).

Knöterichtee ist unter jeder Bezeichnung dem freien Verkehr entzogen, also nicht nur in den beiden Spezialformen von Homeriana und Weidemanns Knöterichtee. OLG. Düsseldorf, 24. Juni 1912 (60). — Durch die Verordnung des Reichskanzlers vom 1. Oktober 1903 (jetzt Kaiserliche Verordnung vom 31. März 1911) sind nur die beiden Spezialmarken Homeriana und Weidmanns russischer Knöterichtee dem freien Verkehr entzogen, andere Sorten russischen Knöterichs nicht. OLG. Celle, 19. September 1904. —

Russischer Knöterichtee Marke Isaria ist dem freien Verkehr nicht entzogen. Die Bekanntmachung des Reichskanzlers schließt nur die beiden Marken Homeriana und Weidemanns russischen Knöterich vom freien Verkehr aus. Bayer. OLG., 1. Juni 1907 (56). — Knöterich, russischer, ist freigegeben. Dem freien Verkehr ist nur solcher Knöterich entzogen, welcher als Homeriana oder als Knöterich Weidemanns oder unter einem anderen Namen zum Verkauf gelangt, sofern es sich um ein Mittel handelt, welches mit einem von den beiden Mitteln, die vorher genannt wurden, gleichartig ist. Weder russischer Knöterich, noch Knöterich im allgemeinen sind den Mitteln zuzuzählen, welche allein in Apotheken vertrieben werden dürfen. KG. 25. Mai 1914 (45).

Kola-Dultz, das gegen Nerven- und Körperschwäche dienen soll, ist dem freien Verkehr entzogen. KG. 31. Oktober 1910 (94). — Wenn Kola-Dultz als Heilmittel feilgehalten wird, ist es dem freien Verkehr entzogen. Wenn eine Verurteilung des Drogisten erfolgen soll, muß aber auch ein Verschulden desselben nachgewiesen werden. Es muß geprüft werden, ob er die auf der Innenseite des Schachteldeckels befindliche Anpreisung von Kola Dultz als Heilmittel gekannt hat. KG. 22. Mai 1913 (45). — Kola-Dultz-Tabletten als prophylaktisches Mittel gegen Kopf- und Magenbeschwerden sind dem freien Verkehr überlassen. OLG. Breslau, 14. Mai 1912 (56). — Wenn die Tabletten nicht als Heilmittel, sondern als Mittel, die den Zweck haben, Krankheiten vorzubeugen oder natürliche körperliche oder geistige Ermattungszustände zu verhindern oder zu beseitigen, verabfolgt werden, kann eine Bestrafung des Drogisten nicht erfolgen. OLG. Hamm, 1. Oktober 1912 (96).

Kola-Pillen sind Heilmittel und Zubereitungen nach Verzeichnis A Ziff. 9 und als solche nur in Apotheken verkäuflich. Gutachten des Sächsischen Landesmedizinalkollegiums vom 28. März 1912.

Kolikessenz für Pferde und Rinder ist ein dem freien Verkehr entzogenes Heilmittel. OLG. Breslau, 29. Mai 1906 (1907 Nr. 85).

Kopfschmerzbonbonellen, die Koffein, also ein Gift im Sinne der Giftverordnung enthalten, dürfen außerhalb der Apotheken nicht verkauft werden. KG. 11. Oktober 1927 (86).

Köppingspiritus, eine zum Überpinseln von Wunden bestimmte alkoholische Lösung von Harzen, ist dem freien Verkehr nicht überlassen. OLG. Dresden, November 1903 (92).

Kosmetische Mittel sind als Heilmittel nur dann dem freien Verkehr überlassen, wenn sie einen Heilzweck erfüllen, der mit ihrer Eigenschaft als kosmetische Mittel in Einklang zu bringen ist. Andernfalls sind sie als Heilmittel dem freien Verkehr entzogen. Bayer. OLG., 26. April 1904 (1905, Nr. 43). — Kosmetische Mittel sind, auch wenn sie als Heilmittel angepriesen werden, dem freien Verkehr überlassen. OLG. Düsseldorf, 4. April 1908 (32). — Ein Mittel, das zur Pflege der Haut dient und deshalb als kosmetisches anzusehen ist, wird dieser Eigenschaft nicht dadurch entkleidet, daß es auch als Mittel zur Beseitigung oder Linderung von Krankheiten, die mit der Hautpflege in Beziehungen stehen, verwendet wird. Den Charakter eines kosmetischen Mittels verliert eine Zubereitung nur dann, wenn sie als Mittel gegen Krankheiten dienen soll, die mit den Zwecken eines kosmetischen Mittels nicht im Zusammenhange stehen. Bayer. OLG., 13. April 1907 (Reger 27, 464). — Kosmetische Mittel sind Mittel, die bestimmungsgemäß zur Reinigung und Pflege der gesunden Haut und des gesunden Haares dienen; diese dürfen dann auch, abgesehen von bestimmten Fällen, als Heilmittel gegen Erkrankungen der Haut und des Haares feilgehalten werden. KG. 14. Februar 1910 (Med.-A. 1910 S. 225). — Kosmetische Mittel im Sinne der Verordnung über den Verkehr mit Arzneimitteln und im Sinne des Giftfarbengesetzes sind alle Mittel, welche zur Reinigung, Pflege und Färbung der Haut und des Haares, sowie zur Reinigung und Pflege der Mundhöhle bestimmt sind und verwendet werden, gleichviel, ob sie daneben oder sogar überwiegend noch anderen Zwecken, z. B. Heil- oder Desinfektionszwecken dienen. KG. 7. Oktober 1912 (Med.-A. 1912, S. 528). — Kosmetische Mittel sind zwar nach der Verordnung vom 22. Oktober 1901 dem freien Verkehr überlassen, dürfen aber nach dem Farbengesetz vom 5. Juli 1887 keinen der in § 1 Abs. 2 dieses Gesetzes genannten Stoffe enthalten, auch keine chemische Verbindung eines solchen Stoffes. KG. 17. Juni 1909 (51); KG. 7. Oktober 1912 (93); KG. 9. Juni 1913 (48); KG. 27. Oktober 1914.

Krätzeseife Herbolum. Die Krätzeseife ist kein kosmetisches Mittel, sondern ein Heilmittel und als solches dem freien Verkehr entzogen. Bayer. OLG., 21. Juni 1923 (70).

Kräuterhonig, Lücks, dient als Heilmittel und darf deshalb in Drogenhandlungen nicht feilgehalten werden. KG. 17. Oktober 1904 (1905 Nr. 40).

Kräuter „O ja" sind kein Genußmittel, sondern ein dem freien Verkehr entzogenes Heilmittel. OLG. Hamburg, 15. Februar 1909 (KGA. VI S. 493).

Kräutertee Salus ist ein trockenes Gemenge zerkleinerter Substanzen und daher als Heilmittel dem freien Verkehr entzogen. KG. 17. April 1928 (33).

Kräuterwein, Salus, der namentlich Personen mit schwachem oder krankem Magen angepriesen wird, ist als ein dem freien Verkehr entzogenes Heilmittel anzusehen. OLG. Kolmar, 20. Februar 1906 (KGA. V S. 529).

Kräuterwein, Ulrichs, ist ein dem freien Verkehr entzogenes Heilmittel. KG. 7. Februar 1901 (17) und 12. Juni 1902 (51).

Kreuzbeerensaft ist kein freigegebener Obstsaft, sondern dem freien Verkehr entzogen. OLG. Frankfurt a. M., 28. Mai 1906 (KGA. V S. 494).

Kruschensalz. Der die Bezeichnung als „Heilmittel" vermeidende Aufdruck auf den Etiketts und Verpackungen von Kruschensalz ist für die Feststellung des eigentlichen Charakters des Präparates nicht von ausschlaggebender Bedeutung, da damit zu rechnen ist, daß die Herstellerin geneigt ist, gesetzlichen Verkaufsbeschränkungen aus dem Wege zu gehen. KG. 19. August 1927 (68). — Kruschensalz ist nach seinen Anpreisungen ein Heilmittel. Sein Kleinvertrieb außerhalb der Apotheken ist also, wenn er nicht ausdrücklich zu Vorbeugungszwecken erfolgt, unzulässig. KG. 11. Oktober 1927 (86). — Kruschensalz stellt ein Gemenge von Salzen mehrerer Quellen dar und soll nach der Anpreisung des Fabrikanten als Heilmittel dienen. Es ist daher dem freien Verkehr entzogen. OLG. Frankfurt a. M., 24. Januar 1928 (35). — Die Entscheidung über die Frage der Apothekenpflicht oder Freiverkäuflichkeit des Mittels hängt davon ab, ob die Ankündigungen im Zusammenhang betrachtet einen Heil- oder einen Vorbeugungszweck erkennen lassen. Bei Kruschensalz deuten sie auf einen Vorbeugungszweck. OLG. Stettin, 11. April 1927 (32). — Kruschensalz soll nach den Anpreisungen nicht zur Beseitigung oder Linderung erheblicher Störungen der Gesundheit dienen, ist mithin kein Heilmittel und daher freiverkäuflich. OLG. Oldenburg, 23. April 1928 (67). — Nach den Etiketten und Verpackungen wird Kruschensalz nicht als Heilmittel, sondern als Vorbeugungsmittel bzw. als Mittel zur Gesunderhaltung bezeichnet. Für eine Bestrafung bei Abgabe muß demnach der Beweis erbracht werden, daß das Salz im

Einzelfalle als Heilmittel verabfolgt wurde. KG., 30. November 1928 (97).

Laxin-Konfekt ist als Heilmittel dem freien Verkehr entzogen. Haben die Mittel eine der im Verzeichnis A aufgeführten Formen, so sind sie (pharmazeutische) „Zubereitungen" im Sinne des § 1, ohne daß es einer besonderen Feststellung dieser Zubereitung bedarf. KG. 7. Oktober 1912 (1913 Nr. 9). — Laxin-Konfekt gehört seiner Form nach zu den Pastillen nach Verzeichnis A Ziff. 9. Es wird als Abführmittel, mithin als Heilmittel, feilgehalten und ist nicht freiverkäuflich. Gutachten des Sächsischen Landesmedizinalkollegiums vom 28. März 1912. — Laxin-Konfekt ist, da es Pastillenform aufweist, als Heilmittel dem freien Verkehr entzogen. OLG. Dresden, 8. November 1927 (1928 Nr. 6). — Wenn das unter Verzeichnis A, Ziff. 9 der Verordnung vom 22. Oktober 1901 fallende Konfekt zur Beseitigung einer habituellen Verstopfung, also einer Krankheit verkauft wird, ist es ein dem freien Verkehr entzogenes Heilmittel. OLG. Kiel, 27. Juni 1925 (1926 Nr. 11). — Wenn Laxin-Konfekt außerhalb der Apotheken nicht als Heilmittel gegen Krankheiten vertrieben wird, kann eine Bestrafung des Drogisten nicht erfolgen. KG. 9. Juni 1913 (48). — Laxin-Konfekt darf zur Beseitigung geringfügiger nicht als Krankheiten anzusehender Störungen außerhalb der Apotheken feilgehalten und verkauft werden. OLG. Kiel, 4. September 1925 (1926, Nr. 11). — Laxin-Konfekt ist außerhalb der Apotheken freiverkäuflich. Als Handhabe zur Auslegung der Verordnung vom 22. Oktober 1901 kann nur das damals geltende Arzneibuch 4 angesehen werden. OLG. Düsseldorf, 6. Juli 1927 (66).

Laxin-Schokolade ist dem freien Verkehr überlassen. OLG. Dresden, 8. November 1927 (1928, Nr. 6).

Lebensöl. Ein zusammengesetztes Heilöl, welches bei dem Baunscheidtschen Apparat angewendet werden soll, ist dem freien Verkehr entzogen, da es entweder einen Auszug oder ein flüssiges Gemisch im Sinne der Kaiserlichen Verordnung darstellt. KG. 6. Oktober 1913 (83), RG. 17. Mai 1915 (41).

Lebertranemulsion ist ein dem freien Verkehr entzogenes Heilmittel, da es anderen als Heilzwecken gar nicht dienen kann. OLG. Stettin, 23. Dezember 1910 (47). — Lebertranemulsion ist nur dann dem freien Verkehr entzogen, wenn sie als Heilmittel dienen soll. Als Vorbeugungs- und Kräftigungsmittel darf sie auch außerhalb der Apotheken verkauft werden. OLH. Breslau, 26. Mai 1908 (53 u. 60). Siehe auch Scotts Emulsion.

Lebertranpepsin-Emulsion ist ein flüssiges Gemisch und darf mithin als Heilmittel nicht außerhalb der Apotheken feilgehalten werden. KG. 13. Oktober 1913 (91).

Leißners Tabletten dürfen als Heilmittel außerhalb der Apotheken nicht feilgehalten und verkauft werden. Ein unzulässiger Verkauf als Heilmittel liegt auch dann vor, wenn der Verkäufer mit der Möglichkeit rechnen muß, daß die Käufer die Mittel zu Heilzwecken benutzen. KG. 11. Juli 1910 (59).

Leupin-Krem ist ein dem freien Verkehr überlassenes kosmetisches Mittel. KG. 18. August 1925 (80).

Lingua-Mentholtabletten sind dem freien Verkehr überlassen, da sie nicht zu den Pastillen im Sinne der Kaiserlichen Verordnung gehören. Das charakteristische Merkmal von Pastillen sind scharfe Ränder, welche die Lingua-Mentholtabletten nicht besitzen. OLG. Düsseldorf, 25. Juli 1910 (55).

Liquor Aluminii acetici ist als chemisches Präparat anzusehen und daher auch als Heilmittel dem freien Verkehr überlassen. KG. 21. April 1902 (42).

Lupinapulver ist ein dem freien Verkehr entzogenes Heilmittel. KG. 2. November 1911 (90).

Magenregulator. Ein „Magenregulator", der als Mittel bei Krämpfen, Störungen der Magen- und Darmtätigkeit, namentlich aber als ein segensreiches Hilfsmittel für die landwirtschaftliche Viehhaltung zur Anregung der Freßluft und Förderung der Mast und als wertvolles Hausmittel gegen Freßunlust und Blähsucht der Tiere, endlich als Mittel bei Kolikanfällen von Pferden angepriesen wird, ist ein dem freien Verkehr entzogenes Heilmittel. Bayer. OLG., 19. Juni 1909 und 21. September 1909 (KGA. VI S. 476 u. 477).

Magentropfen, Augsburger, die als Mittel gegen Verdauungsstörung feilgeboten werden, sind kein Likör, sondern ein dem freien Verkehr entzogenes Heilmittel. Bayer. OLG., 18. Dezember 1902 (1903, Nr. 9).

Magnesiumsuperoxyd mit Brausepulver darf als Heilmittel nur in Apotheken feilgehalten und verkauft werden. KG. 28. November 1901 (97).

Makrobion. Das Feilhalten dieses Präparates in Drogenhandlungen nur zu Vorbeugungszwecken ist nicht strafbar. OLG. Düsseldorf, 4. Juli 1908 (68).

Malzextrakt mit Eisen, ein auf mechanischem Wege hergestelltes Gemisch aus Eisenzucker und Malzextrakt, ist ein dem freien Verkehr entzogenes Heilmittel. Denn Eisenzucker ist durch Verzeichnis B der Kaiserlichen Verordnung dem freien Verkehr entzogen, und daran vermag die mechanische Beimischung von Malzextrakt nichts zu ändern. OLG. Dresden, 22. Juli 1914 (60).

Malzpulver mit Eisen ist als freigegebenes Malzextrakt aufzufassen. OLG. Breslau, 13. Juni 1911 (59).

Mariazeller Magentropfen dürfen als Heilmittel außerhalb der Apotheken nicht verkauft werden. OLG. Dresden, 9. Dezember 1908 (KGA. VI S. 485).

Menstruationstropfen Mimosa sind dem freien Verkehr entzogen. Bayer. OLG., 3. Dezember 1910 (1911 Nr. 57).

Menthol-Camphor ist als Heilmittel anzusehen und als solches dem freien Verkehr außerhalb der Apotheken entzogen. KG. 1. Februar 1926 (14).

Menthol-Dragees sind als Pastillen im Sinne der Ziffer 9 des Verzeichnisses A der Kaiserlichen Verordnung vom 22. Oktober 1901 anzusehen und dürfen daher als Heilmittel nur in Apotheken abgegeben werden. Gutachten der Wissenschaftlichen Deputation für das Medizinalwesen. 1908 (45). — Bei Beurteilung der Rechtsstellung von Menthol-Dragees kommt es im wesentlichen auf die Form des Mittels an. Es muß geprüft werden, was unter Pastillen im Sinne der pharmazeutischen Wissenschaft zu verstehen ist und ob Menthol-Dragees als derartige Pastillen anzusehen sind. KG. 21. April 1913 (37).

Mentholin ist, wenn es lediglich als solches verkauft wird, als ein nicht freigegebenes Heilmittel anzusehen. OLG. Breslau, 24. Mai 1904. — Mentholin ist nur dann dem freien Verkehr entzogen, wenn der (wenigstens eventuelle) Dolus, daß die Abgabe als Heilmittel erfolgt ist, nachgewiesen werden kann. OLG. Breslau, 26. Mai 1908 (53). — Mentholschnupfpulver darf als Heilmittel nur in Apotheken feilgehalten und verkauft werden. KG. 16. Juni 1910 (53).

Mentholspiritus. Das Feilhalten von ätherischen Baldriantropfen mit Menthol in einer „Mentholspiritus" signierten Flasche außerhalb der Apotheken verstößt gegen § 367 (3) des Str.-G.-B. KG. 16. Oktober 1925 (91).

Menthol-Thymol-Keuchhustenbonbons sind dem freien Verkehr überlassen, da Bonbons nach ihrer Form und ihrer Zubereitungsweise nicht unter die geschützten Zubereitungen gehören. OLG. Breslau, 26. Mai 1908 (60).

Migränestifte sind keine dem freien Verkehr entzogenen Ätzstifte, sondern dem freien Verkehr überlassen. OLG. Breslau, 26. Mai 1908 (53).

Mineralwässer. Unter künstlich bereiteten Mineralwässern sind nicht nur die Nachbildungen bestimmter in der Natur vorkommender Mineralwässer, sondern auch andere künstlich hergestellte Lösungen mineralischer Stoffe zu verstehen, welche sich ihrer äußeren Beschaffenheit nach als Mineralwässer darstellen, d. h. eine derartige Verdünnung der darin vorhandenen festen Bestandteile aufweisen, daß sie als ein „Wasser" anzusehen sind und regelmäßig in größeren Mengen (glas- oder becherweise) genossen werden können. KG. 5. Februar 1903 (85).

Mineralwasserpastillen müssen, um freiverkäuflich zu sein, wenn auch nicht alle, so doch mindestens die wesentlichsten Bestandteile einer natürlichen Quelle, und zwar qualitativ und quantitativ in möglichster Anlehnung an die natürliche Zusammensetzung der Originalquelle, enthalten. Auch künstliche Mineralquellsalze bzw. Mineralsalzpastillen im Sinne von Ziffer 9 des Verzeichnisses A müssen, da sie eine künstliche Nachbildung des Salzgehaltes einer natürlichen Mineralquelle darstellen, die wesentlichsten Stoffe dieser Quelle enthalten. OLG. Dresden, 4. März 1931 (31).

Mineralwassersalze. Aus natürlichen Mineralwässern bereitete Salze sind auch in Mischung mit Milchzucker außerhalb der Apotheken freiverkäuflich. RG., 21. März 1929 (25 u. 30).

Mirabel, das als Mittel gegen jede Art von Kahlköpfigkeit dienen soll, ist ein dem freien Verkehr entzogenes Heilmittel. KG. 10. Dezember 1907 (1908 Nr. 4).

Muiracithin ist ein dem freien Verkehr entzogenes Heilmittel. KG. 29. Oktober 1908 (95).

Nafalan-Streupulver und Nafalan-Toilettenkrem sind als kosmetische Mittel, auch wenn sie als Heilmittel dienen sollen, dem freien Verkehr überlassen. OLG. Hamm, 16. Juni 1908 (78).

Nähr- und Kräftigungsmittel. In der Empfehlung einer unter das Verzeichnis A der Kaiserlichen Verordnung vom 22. Oktober 1901 fallenden Zubereitung als „Nähr- und Kräftigungsmittel bei Blutarmut und Schwächezustände jeder

Art, sowie als Stärkungsmittel für Rekonvaleszenten" ist eine Anpreisung der Zubereitung „als Heilmittel" nicht zu erblicken. Der Verkauf der Zubereitung in Packungen und mit Etiketten, die eine solche Empfehlung enthalten, verstößt daher nicht gegen § 1 der angeführten Verordnung. VG. Karlsruhe, 20. November 1912 (Med.-A. 1913, S. 535). — Mittel zur Verhütung von Krankheiten, sowie zur Erhaltung und Kräftigung der Gesundheit sind keine Heilmittel. Nähr- und Kräftigungsmittel werden zwar auch bei Krankheiten verordnet; auch dann sind sie aber keine Heilmittel, da sie nicht unmittelbar zu Heilzwecken, sondern nur, um unmittelbar auf dem Wege der Ernährung heilend zu wirken, genommen werden. Wirkt ein Mittel zugleich ernährend und unmittelbar heilend, so ist die Wirkung bestimmend, die die Hauptwirkung bildet. OLG. Oldenburg 23. April 1928 (67 u. 72).

Nährsalze, die zur Besserung von Nervenkranken und als Blutreinigungsmittel dienen sollen, sind Heilmittel und daher dem Handel nicht freigegeben. Bayer. OLG., 8. August 1905 (KGA. V S. 503). — Hensels Nährsalze sind dem freien Verkehr entzogene Heilmittel. OLG. Dresden, 16. Februar 1910 (KGA. VI S. 482). — Physiologisches Nährsalz darf zu Vorbeugungszwecken in Drogenhandlungen feilgehalten werden. OLG. Düsseldorf, 4. Juli 1908 (68).

Nasan unterliegt, da es desinfizierende Wirkung hat und keine rezeptbedürftigen Stoffe enthält, nicht dem Apothekenmonopol. OLG. Düsseldorf, 14. November 1928.

Nerven-Kraftnahrung, Hermanns, als Vorbeugungsmittel gegen Bleichsucht, ist dem freien Verkehr überlassen. OLG. Breslau, 14. Mai 1912 (56).

Neue Arzneimittel. Neu erfundene, in der Verordnung über den Verkehr mit Arzneimitteln vom 22. Oktober 1901 nicht genannte Arzneimittel oder Arzneizubereitungen sind freiverkäuflich. KG. 14. Februar 1928 (45).

Nural ist ein dem freien Verkehr entzogenes Heilmittel. KG. 25. August 1913 (73).

Obstsäfte. Unter Obstsäften im Sinne der Ausnahme von Nr. 5 des Verzeichnisses A der Verordnung vom 22. Oktober 1901 sind nur solche Flüssigkeiten zu verstehen, die durch Pressen saftiger, regelmäßig auch roh genossener Früchte gewonnen werden. KG. 18. Juni 1914 (Med.-A. 1914 S. 369).

Omega-Abführsaft ist nur dann dem freien Verkehr entzogen, wenn er als Heilmittel dienen soll. KG. 23. Februar 1911 (20).

Omega-Schnupftabak darf als Heilmittel gegen Schnupfen außerhalb der Apotheken nicht feilgehalten oder verkauft werden. KG. 17. Februar 1910 (KGA. VI S. 442).

Opodeldok, flüssiger, ist, auch wenn er zum Einreiben und Stärken der Muskeln, besonders bei Sportsleuten, dienen soll, ein dem freien Verkehr entzogenes Heilmittel. KG. 12. Juli 1909 (57).

Pain-Expeller ist als Heilmittel dem freien Verkehr entzogen. OLG. Dresden, 29. August 1906 (1907 Nr. 85) und 9. Dezember 1908 (KGA. VI S. 485). — Für die Freiverkäuflichkeit von Pain-Expeller ist die Feststellung entscheidend, ob es sich um eine echte oder eine unechte Destillation handelt, die nur zum Zwecke der Umgehung der Verordnung vom 22. Oktober 1901 vorgenommen worden ist. KG. 14. Juli 1922 (57/58).

Pain Killer, der lediglich aus Menthol besteht, ist dem freien Verkehr überlassen, da er nicht im Verzeichnis B aufgeführt ist. Darin, daß der Käufer sich durch Auflösen dieses Stoffes eine Lösung herstellen soll, ist das verschleierte Feilhalten einer Lösung nicht zu erblicken. KG. 2. November 1911 (Med.-A. 1911 S. 534).

Pappelpomade darf als Heilmittel nur in Apotheken feilgehalten und verkauft werden. OLG. Breslau, 27. Juni 1899 (1902 Nr. 3).

Pferdekolikpulver, das lediglich aus gepulverter Aloe besteht, ist auch als Heilmittel dem freien Verkehr überlassen, da es weder zu den Zubereitungen des Verzeichnisses A noch zu den Stoffen des Verzeichnisses B gehört. Bayer. OLG., 15. März 1910 (KGA. VI S. 478).

Probat, ein durch Destillation hergestelltes Mittel gegen Periodenstörung, ist dem freien Verkehr entzogen. RG. 11. Januar 1913 (6).

Promonta ist nicht ein therapeutisches Organpräparat im Sinne des Verzeichnisses B, sondern eine Zubereitung (trockenes Gemenge) im Sinne des Verzeichnisses A. Es ist mithin als Heilmittel den Apotheken vorbehalten, als Stärkungs-, Kräftigungs- und Vorbeugungsmittel jedoch auch außerhalb derselben frei verkäuflich. Reichsmin. d. I. 9. Oktober 1926, 12. Januar 1927 und 23. März 1927; Generalstaatsanwalt beim OLG. Hamburg, 21. März 1928 (23, 41 u. 53).

Puksana Kraft- und Gesundheitssalz ist nach den auf der Packung vermerkten Anpreisungen als Heilmittel anzusehen. OLG. Düsseldorf, 14. November 1928 (1929, Nr. 1).

Pura-Menthol-Dragees sind als Desinfektionsmittel dem Apothekenzwang nicht unterworfen. OLG. Düsseldorf, 14. November 1928 (1929, Nr. 1).

Purokrätzeseife ist keine „Seife" im Sinne der Verordnung vom 22. Oktober 1901, da die Grundmasse nicht Seife, sondern ein Gemisch von Vaseline mit Arzneikörpern ist. Sie ist somit dem freien Verkehr entzogen. KG., 22. März 1929 (35).

Pyramidontabletten. Die Abgabe dieses dem freien Verkehr entzogenen Heilmittel ist auch in Konsumgenossenschaften unzulässig. OLG. Darmstadt, 8. September 1927 (99).

Radiosan. Beim Feilhalten bzw. Verkaufen von Radiosan in Drogenhandlungen liegt die Strafbarkeit nur dann vor, wenn der Verkäufer wußte, daß Radiosan im wesentlichen aus denselben Stoffen hergestellt ist wie das dem freien Verkehr entzogene Rad-Jo, oder wenn er in der Lage war, selbst eine entsprechende Feststellung zu treffen. KG 17. Februar 1928 (23). — Radiosan ist, sofern es nach Bestandteilen und Wirkung im wesentlichen mit dem im Verzeichnis C der Verordnung vom 22. Oktober 1901 aufgeführten Rad-Jo identisch ist, dem Verkehr außerhalb der Apotheken entzogen. OLG. Hamburg, 10. November 1930 (1931 Nr. 13).

Dr. Räubers Salzkräutertee. Aus dem den Teepackungen beigefügten Prospekt geht seine Eigenschaft als Arzneimittel hervor. Der Tee darf mithin außerhalb der Apotheken nicht verkauft werden. KG. 25. August 1925 (82).

Reaktol-Tabletten. Durch Ziffer 9 des Verzeichnisses A der Kaiserlichen Verordnung vom 22. Oktober 1901 sind die aus natürlichen Mineralwässern oder künstlichen Mineralquellsalzen bereiteten Pastillen, nicht aber die daraus hergestellten Tabletten für den Verkehr freigegeben. KG. 26. Mai 1913.

Realomar-Essenze. Unter der Voraussetzung, daß die Essenz nichts anderes ist als Karmelitergeist, ist sie auch dann freigegeben, wenn sie als Heilmittel feilgehalten wird. KG. 25. Juni 1926 (54).

Reginatropfen, ein Menstruationsmittel, sind, auch wenn sie durch Destillation hergestellt sind, dem freien Verkehr entzogen. KG. 17. Mai 1909 (42).

Resinatsalbe zur Heilung von Brüchen ist nicht als freigegebenes Pechpflaster anzusehen, sondern eine dem freien Verkehr entzogene Salbe. KG. 16. November 1911 (94).

Rhabarberwein darf als Mittel gegen Verstopfung in Drogenhandlungen nicht feilgehalten werden, auch wenn die Standgefäße mit der Bezeichnung „Vorbeugungsmittel" versehen sind. KG. 2. Mai 1905 (37). — Rhabarberwein darf von Drogisten nicht verkauft werden, da er nicht nur als Vorbeugungsmittel, sondern auch als Heilmittel gegen Verstopfung usw. gebraucht wird. OLG. Hamburg, Dezember 1905 (1906 Nr. 1). — Rhabarberwein wird als Magen- und Abführmittel vielfach verwendet und ist seiner ganzen Wirkungsweise und Zusammensetzung nach kein Vorbeugungsmittel, sondern ein nur in Apotheken verkäufliches Heilmittel. Gutachten des Sächsischen Landesmedizinalkollegiums vom 28. März 1912. — Rhabarberwein ist nicht schon deshalb dem freien Verkehr entzogen, weil er Rhabarber enthält. Nur für die im Verzeichnis B der Kaiserlichen Verordnung selbst genannten Stoffe gilt die Bestimmung in § 2 der Verordnung, nicht für Zubereitungen jener Stoffe. Verzeichnis B der Verordnung vom 22. Oktober 1901 führt aber nur Rhabarber selbst, nicht dessen Zubereitungen an. OLG. Kiel, 28. März 1908 (Med.-A. 1910 S. 537).

Rheumasan ist, da es ohne Wasser angewendet wird, nicht als Seife, sondern als eine dem freien Verkehr entzogene Salbe anzusehen. KG. 13. Januar 1910 (7).

Rheuma-Sensit ist, da die Kaliseife, aus der es etwa zur Hälfte besteht, nicht nur mit Arzneistoffen, sondern auch noch mit anderen Stoffen, insbesondere unverseifbaren Fetten, zusammengemischt ist, nicht als freiverkäufliche Seife anzusehen. Gutachten des Württ. Innenministers vom 23. November 1929 (6).

Rheumopathtabletten sind dem freien Verkehr entzogen, da in ihnen ein organischer Stoff enthalten ist, der nicht zu den Quellsalzen gehört. KG. 12. Januar 1911 (7); KG. 16. Juni 1911 (49).

Rhinosalbe ist dem freien Verkehr entzogen. KG. 26. Oktober 1908 (89).

Riesengebirgstee als Abführmittel ist freigegeben. Gelinde Abführmittel sind als Vorbeugungsmittel anzusehen. Sie sind keine Heilmittel, sondern nur Genußmittel, zu deren

Feilhalten keine polizeiliche Erlaubnis nötig ist. OLG. Breslau, 10. März 1914 (24).

Russischer Spiritus ist, auch wenn er zum Einreiben und Stärken der Muskeln, besonders bei Sportsleuten, dienen soll, ein dem freien Verkehr entzogenes Heilmittel. KG. 12. Juli 1909 (57).

Sabadillessig ist dem freien Verkehr nicht überlassen. OLG. Frankfurt a. M., 28. Mai 1906 (KGA. V, S. 494).

Sabadillextrakt. Wird Sabadillextrakt lediglich zur Herstellung von Sabadillessig vorrätig gehalten, so liegt ein strafbares Feilhalten als Heilmittel nicht vor. KG. 11. März 1927 (22).

Salizylseifenpflaster gehört zwar zu den Zubereitungen des Verzeichnisses A Ziff. 10, ist aber als Hühneraugenmittel gemäß § 1 Abs. 2a frei verkäuflich. Gutachten des Sächsischen Landesmedizinalkollegiums vom 28. März 1912.

Dr. Scheidings Menstruationstropfen sind dem freien Verkehr entzogen. OLG. Dresden, 22. Dezember 1913 (1914 Nr. 1).

Schillings Kräuterwein ist ein Arzneimittel, welches nur in Apotheken feilgehalten werden darf. KG. 9. Juni 1913 (52).

Schnupfenmittel sind, wenn sie schlechthin als solche abgegeben bzw. feilgehalten werden und sich als Zubereitungen des Verzeichnisses A darstellen, dem freien Verkehr außerhalb der Apotheken entzogen. OLG. Hamm, 12. November 1927 (1928, Nr. 1).

Schwedische Frostseife, die nicht mit Wasser aufgetragen wird, ist als Salbe im Sinne der Ziffer 10 des Verzeichnisses A der Verordnung anzusehen. KG. 7. Januar 1909.

Schweizerpillen. Eine Disposition zur Verstopfung ist noch keine Krankheit. Für die Frage, ob die Pillen als Vorbeugungsmittel verabfolgt worden sind, kommt es besonders darauf an, ob es üblich ist, daß gewöhnliche Arbeiter solche teuren Pillen als Vorbeugungsmittel zu verwenden pflegen. KG. 19. September 1910 (77). — Schweizerpillen, deutsche, sind ein dem freien Verkehr entzogenes Heilmittel. OLG. Düsseldorf, 11. Juni 1910 (50).

Schweizertee darf, falls der Verkäufer mit seiner Verwendung zu Heilzwecken rechnen muß, außerhalb der Apotheken nicht feilgehalten werden. OLG. Hamburg, 2. Juli 1928 (1929, Nr. 1).

Scotts Emulsion ist ein dem freien Verkehr entzogenes Heilmittel. KG. 4. September 1902 (73). — Scotts Emulsion ist ein flüssiges Gemisch im Sinne der Ziffer 5 des Verzeichnisses A der Verordnung und gilt im Verkehr als Heilmittel.

Bayer. OLG., 15. Oktober 1907. (Samml. 8, 34, Reger 28, 461). — Scotts Emulsion ist als Nähr- und Kräftigungsmittel außerhalb der Apotheken freiverkäuflich. KG., 15. Februar 1929 (15); OLG. Köln, 28. April 1906 (37). S. auch Lebertranemulsion.

Seifen. Unter den dem freien Verkehr überlassenen Seifen sind nur solche, auch mediziniche Seifen zu verstehen, die mit Wasser angewendet werden. Sogenannte Seifen, die nur an der Haut eingerieben werden, sind als nicht freigegebene Salben anzusehen. OLG. Hamm, 13. Juni 1904 (1905 Nr. 35). — Unter Seifen im Sinne der Kaiserlichen Verordnung sind pharmazeutische Zubereitungen zu verstehen, also Seifen, die arzneiliche Zusätze erhalten haben und als Heilmittel dienen sollen. Es kommt auch nicht darauf an, ob die Seife von fester, salbenartiger, halbflüssiger oder flüssiger Beschaffenheit ist. Wesentlich ist allein, daß Seife, d. h. eine chemische Verbindung von Fettsäure und Kali, die Grundmasse des Mittels bildet, und nicht etwa nur einen unwesentlichen Zusatz. KG. 22. Juni 1928 (52). — Seifen liegen nur vor, wenn die Anwendung nach der Art des Waschens unter Verwendung von Wasser erfolgt. KG. 9. Oktober 1908; KG. 13. Januar 1910; KG. 14. Februar 1910. — Seifen liegen stets vor, wenn die Grundmasse eine Seife ist, ohne Rücksicht auf Konsistenz (fest, salbenförmig, flüssig) und ohne Rücksicht auf die Art der Anwendung. OLG. Dresden, 30. September 1908; OLG. Dresden, 28. Oktober 1908; OLG. Naumburg, 8. April 1911; KG. 6. März 1925; KG. 22. März 1929.

Senfspiritus ist ein dem freien Verkehr entzogenes Heilmittel. KG. 30. April 1908 (38). — Senfspiritus ist entweder ein Gemisch (von Senföl mit Spiritus) und fällt als solches unter Ziffer 5 des Verzeichnisses A der Kaiserlichen Verordnung oder es ist ein Destillat und stellt als solches nur einen destillierten Auszug dar, der unter 3 jenes Verzeichnisses fällt. In jedem Falle ist seine Abgabe im freien Verkehr der Regel nach verboten. OLG. Frankfurt a. M., 28. Mai 1906 (1907 Nr. 85). — Auch destillierter Senfspiritus ist dem freien Verkehr entzogen. OLG. Kiel, 5. Februar 1910 (KGA. VI S. 462). Senfspiritus, der durch Destillierung des Gemisches von befeuchtetem Senfmehl und Spiritus hergestellt wird, ist, da lediglich die letzte Zubereitung in Betracht kommt, kein Auszug und kein flüssiges Gemisch, sondern ein freigegebenes Destillat. KG. 20. März 1911 (92).

Siran ist ein flüssiges Gemisch im Sinne der Kaiserlichen Verordnung und daher dem freien Verkehr entzogen. KG. 1. Mai 1911 (39).

Solitaenia als Bandwurmmittel ist dem freien Verkehr entzogen. KG. 6. Februar 1911 (14).

Sommersprossensalbe. Der Vertrieb einer unter Verwendung von Quecksilberpräzipitat hergestellten Sommersprossensalbe verstößt gegen § 3 des Farbengesetzes vom 5. Juli 1887. Es ist gleichgültig, ob die im Gesetze genannten Giftstoffe, zu denen auch Quecksilber gehört, im Urzustande oder in einer Verbindung, sofern diese den Giftstoff überhaupt enthält, zur Herstellung des kosmetischen Mittels verwandt worden sind. Eine solche Verwendung ist in jedem Falle unzulässig, und zwar auch dann, wenn sie nicht zu Farbzwecken erfolgt ist. OLG. Frankfurt a. M., 2. April 1914 (Med.-A. 1914, S. 456); KG. 8. Juni 1915 (51). — Beim gewerbsmäßigen Verkauf oder Feilhalten von Waren, welche unter die Verbotsbestimmungen des Gesetzes über die Verwendung gesundheitsschädlicher Farben vom 5. Juli 1887 fallen könnten, muß der Gewerbetreibende besondere Vorsicht walten lassen, gelegentliche Stichproben vornehmen, Erkundigungen einziehen usw. OLG. Frankfurt a. M., 6. Oktober 1925 (75). — Der Einwand, der Sommersprossenkrem sei ein Heilmittel, und auf Heilmittel fände das Farbengesetz keine Anwendung, ist nicht stichhaltig. Da der Sommersprossenkrem zur Reinigung der Haut dient, ist er ein kosmetisches Mittel. KG. 20. April 1925 (36). — Sommersprossensalben mit einem Gehalt an Quecksilberpräzipitat sollen Leiden zum Zwecke der Schönheitspflege heilen. Sie unterliegen mithin nicht dem Farbengesetz, sondern nur der Arzneimittelverordnung vom 22. Oktober 1901. OLG. Stettin, 27. September 1923 (51). — Es kommt nicht darauf an, ob Sommersprossensalbe unter Umständen auch als Heilmittel benutzt werden kann, sondern maßgebend ist, ob sie nach der geltenden Verkehrsauffassung als kosmetisches Mittel anzusehen ist. RG. 23. Oktober 1930 (86 und 95).

Strychninweizen ist dem freien Verkehr nicht entzogen. Nur Strychnin, nicht dessen Zubereitungen, fällt unter das Verzeichnis B der Verordnung vom 22. Oktober 1901. OLG. Breslau, 26. Mai 1908 (53).

Stuvkampsalz ist nach seinen Anpreisungen ein Heilmittel. Der Kleinvertrieb desselben außerhalb der Apotheken ist also, wenn er nicht ausdrücklich zu Vorbeugungszwecken erfolgt, unzulässig. KG. 11. Oktober 1927 (86). — Stuvkampsalz ist dem freien Verkehr nur dann entzogen, wenn es als Heilmittel dienen soll. OLG. Oldenburg, 23. April 1928 (67).

Submikrone fallen nicht unter die aus natürlichen Mineralwässern oder aus künstlichen Mineralquellsalzen bereiteten Pastillen, gehören daher nicht zu den dem freien Verkehr überlassenen Ausnahmen des Verzeichnisses A Nr. 9 der Verordnung vom 22. Oktober 1901. KG. 17. Februar 1930 (27).

Sydrosan ist ein dem freien Verkehr entzogenes Heilmittel. KG. 28. Oktober 1910 (89).

Tabletten gegen Schlaflosigkeit, geistige Abspannung und Kräfteverfall sind als Heilmittel anzusehen und daher dem freien Verkehr entzogen. OLG. Dresden, Oktober 1921 (90).

Tamarindensaft mit Zuckerzusatz gehört nicht zu den durch die Kaiserliche Verordnung dem freien Verkehr überlassenen Obstsäften. KG. 28. Oktober 1909 (86); Gutachten der Wissenschaftlichen Deputation für das Medizinalwesen 1910 (68). — Tamarindensaft ist kein freigegebener Obstsaft, weil die Tamarindenfrucht nicht zum Obst gehört. Tamarindensaft ist somit als Heilmittel dem freien Verkehr entzogen. OLG. Kassel, 5. Mai 1912; OLG. Jena, 6. Januar 1928 (43). Ähnlich OLG. Breslau, 7. Mai 1912 (Med.-A. 1912, S. 341 u. 344). — Tamarindensaft, auch der aus trockenen Früchten gewonnene, ist ein freigegebener Obstsaft im Sinne der Kaiserlichen Verordnung. OLG. Stettin, 25. April 1911; Medizinalkollegium in Königsberg i. Pr., 30. November 1907 (Med.-A. 1912, S. 343).

Tee, arzneilicher. Einzelbestandteile eines Tees, die vom Käufer unter Zuckerzusatz zu einer Arznei zubereitet werden sollen, dürfen außerhalb der Apotheken nicht verkauft werden. Bayer. OLG., 10. Februar 1906 (18). — Das Feilhalten einzelner Kräuter auf Wochenmärkten ist nach § 367, 3, StrGB. strafbar, wenn die Kräuter zur Vermischung miteinander bestimmt sind und als Heilmittel dienen sollen. KG. 4. August 1930 (75).

Teemischungen, die als blutverbessernd und -reinigend sowie blutbildend und Störungen des Stoffwechsels beseitigend angepriesen werden, sind dem freien Verkehr entzogene Heilmittel. OLG. Dresden, 22. Juni 1910 (KGA. VI S. 483).

Teutoburger Waldtee ist als Heilmittel dem freien Verkehr entzogen. OLG. Köln, 20. Februar 1906 (1907 Nr. 85).

Thalysia-Tee. Die Tees des Thalysia-Hauses in Leipzig, diätetischer, Blutauffrischungs- und Thalysia-Tee, sind als Heilmittel dem freien Verkehr entzogen. OLG. Dresden, 10. August 1911 (66).

Thieme-Tee ist ein dem freien Verkehr entzogenes Arzneimittel. Wenn er nur als Vorbeugungsmittel angepriesen wurde, so ist das gleichwohl unerheblich, wenn der Anpreisende gewollt hat, daß der Tee auch als Heilmittel gekauft wurde. KG. 27. März 1913 (33).

Thymolspiritus ist eine Lösung im Sinne des Verzeichnisses A Ziff. 5 und als Heilmittel nur in Apotheken verkäuflich. Gutachten des Sächsischen Landesmedizinalkollegiums vom 28. März 1912.

Thymus-Essenz ist als Heilmittel dem freien Verkehr entzogen. KG. 8. Juni 1925 (68).

Tiroler Enzianbranntwein ist als flüssiges Gemisch bzw. als Auszug im Sinne der Kaiserlichen Verordnung vom 22. Oktober 1901 (A. 3—5) anzusehen und daher als Heilmittel dem freien Verkehr entzogen. KG. 11. März 1907 (23).

Tonikum, Hensels, ist ein dem freien Verkehr entzogenes Heilmittel. OLG. Naumburg, 30. Juni 1907 (76).

Die **Tonnolakur** gegen Fettleibigkeit ist ein dem freien Verkehr entzogenes Heilmittel. KG. 14. September 1910 (76); KG. 3. August 1911 (67).

Tormentilla-Abkochung mit Essigsäure ist, wenn sie nicht nur als Hühneraugenmittel sondern auch sonst als Heilmittel dienen soll, als Heilmittel dem freien Verkehr entzogen. KG. 8. Juni 1925 (68).

Tripplex, eine Lösung von übermangansaurem Kali, ist ein dem freien Verkehr entzogenes Heilmittel. KG. 21. Juli 1913 (62).

Ugabohnen. Aus künstlichen Mineralsalzen bereitete Pastillen büßen die Eigenschaft als solche durch Zusatz von Stoffen ein, die in der nachzubildenden Quelle nicht enthalten sind. Dabei muß es sich aber immer um Stoffe handeln, die für die Zusammensetzung und insbesondere die Heilwirkung der Quelle wesentlich sind. Das trifft für Zusätze, die lediglich der Festigung des Zusammenhaltens der Pastillen dienen oder deren Geschmack angenehmer machen sollen, nicht zu. KG. 25. Juni 1926 (54).

Ungeziefersalbe. Eine Ungeziefersalbe ist dann als Heilmittel gegen eine Krankheit anzusehen, wenn sie zur Heilung der der durch Ungeziefer verursachten Hautveränderungen, nicht aber dann, wenn sie zur Beseitigung des Ungeziefers bestimmt ist. KG. 31. März 1910 (Med.-A. 1910 S. 230).

Valda-Pastillen sind keine Bonbons, sondern Pastillen im Sinne des Verzeichnisses A Ziffer 9. Auch liegt kein Desinfektionsmittel im Sinne des § 1 Abs. 2 vor, sondern es handelt sich um ein nicht frei verkäufliches Heilmittel. Gutachten des Sächsischen Landesmedizinalkollegiums vom 28. März 1912.

Verbandstoffe. Ein auf Mullbinden lose aufgestreutes Pulvergemisch wird nicht durch Aufsaugung ein unselbständiger Teil des Bindenstoffes. Die Abgabe desselben stellt sich demnach nicht als erlaubter Verkauf eines Verbandstoffes dar. OLG. Dresden, 8. November 1900 (1902 Nr. 11). — Verbandstoffe sind auch dann, wenn sie mit heilkräftigen Stoffen, auch solchen des Verzeichnisses B der Verordnung imprägniert, sind, dem freien Verkehr überlassen. OLG. Breslau, 26. Mai 1908 (53).

Veril, ein Mittel gegen Würmer in Tafelform, ist dem freien Verkehr überlassen, da es weder zu den trocknen Gemengen noch zu den Tabletten gehört. OLG. Düsseldorf, 11. Juni 1910; OLG. Breslau, 13. Oktober 1914.

Viehwaschessenz ist als Heilmittel dem freien Verkehr entzogen. OLG. Breslau, 29. Mai 1906 (1907 Nr. 85).

Vinco-Konfekt. Wenn dieses Mittel außerhalb der Apotheken nicht als Heilmittel gegen Krankheiten abgegeben wird, kann eine Bestrafung des Drogisten nicht erfolgen. KG. 9. Juni 1913 (48).

Virisanol, das gegen Nervenschwäche der Männer dienen soll, ist ein dem freien Verkehr entzogenes Heilmittel. KG. 15. Oktober 1908 (85).

Wacholderbeersaft (Magenfreund), der bei Heiserkeit Anwendung finden soll, ist ein Arznemittel und darf daher nach § 56, 9 Gew.-O. im Umherziehen nicht feilgehalten werden. Wacholderbeerkraftsaft ist kein Obstsaft, sondern ein Auszug aus Wacholderbeeren mit Zuckerzusatz. KG. 2. November 1914.

Wacholderblutmelan ist nicht ein freigegebener Wacholderextrakt, sondern ein dem freien Verkehr entzogener Wacholdersirup. Das Mittel darf im Umherziehen nicht angeboten werden. KG. 18. Juni 1914 (52).

Wacholderessenz ist als Heilmittel dem freien Verkehr entzogen. KG. 8. Juni 1925 (68).

Wacholderextrakt mit Zusatz von Zucker ist als Heilmittel dem freien Verkehr außerhalb der Apotheken entzogen. Bayer. OLG., 8. Oktober 1928 (87). — Wacholderextrakt ist auch mit Stärkezuckerzusatz freiverkäuflich. KG., 31. August 1928 (71).

Wacholdermus ist ein Arzneimittel. Die Erteilung von Wandergewerbescheinen zum Handel mit diesem Mittel wird demnach mit Recht verweigert. Bescheid des Thüring. Ministeriums für Inneres und Wirtschaft vom 29. Januar 1927 (25).

Waldflora 11 ist ein trockenes Gemenge von zerkleinerten Substanzen und darf daher als Heilmittel außerhalb der Apotheken nicht feilgehalten oder verkauft werden. Zur Verurteilung reicht es aus, wenn der Verkäufer mit der Möglichkeit gerechnet hat oder rechnen mußte, daß das Präparat als Heilmittel Verwendung finden sollte. KG. 23. März 1931 (40).

Warzenstifte sind dem freien Verkehr überlassen, da Warzen keine Krankheiten sind. KG. 14. Februar 1910 (15).

Watten (Zahn-, Ohren-, Augen- und Brandwundenwatten) sind dem Feilhalten und dem Verkauf nach § 1 der Kaiserlichen Verordnung freigegeben, auch wenn sie sich als eine der im Verzeichnis A aufgeführten Zubereitungen darstellen und in solchem Sinne als Heilmittel feilgehalten oder verkauft werden. Nur dann sind sie dem freien Verkehr entzogen, wenn sie mit einem der im Verzeichnis B enthaltenen Stoffe imprägniert sind. OLG. Köln, 11. Juli 1902 (1903, Nr. 8).

Webers Familientee ist kein Genuß-, sondern ein Heilmittel; er gehört als gemischter Tee zum Verzeichnis A Ziffer 4 und ist nicht frei verkäuflich. Gutachten des Sächsischen Landesmedizinalkollegiums vom 28. März 1912.

Wermut-Tinktur ist für Heilzwecke nicht frei verkäuflich. Gutachten des Sächsischen Landesmedizinalkollegiums vom 28. März 1912.

Winters natürlicher Gesundheitshersteller. Auch die Abgabe des Mittels durch Agenten, welche nur kommissionsweise Niederlagen davon haben, verstößt gegen die Kaiserliche Verordnung vom 22. Oktober 1901 und den § 367,3 StrGB. KG. 13. Februar 1913 (17).

Wundbalsam, Wasmuths, ist freigegeben, da er kein flüssiges Gemisch ist, sondern aus Perubalsam besteht. OLG. Frankfurt a. M., 2. Oktober 1903 (1904 Nr. 22).

Wurmgebäck in Pastillenform, aus Flores Tanaceti hergestellt, ist dem freien Verkehr entzogen. OLG. Breslau, 24. Juni 1902 (63).

Wurmschokolade-Tafeln gehören weder zu den Pastillen noch zu den Tabletten im Sinne der Kaiserlichen Verordnung, sind mithin dem freien Verkehr überlassen. OLG. Naumburg a. S., 10. Juli 1912 (Med.-A. 1912 S. 379).

Wybert-Tabletten fallen unter Nr. 9 des Verzeichnisses A der Kaiserlichen Verordnung. KG. 7. Januar 1909. — Wybert-Tabletten gehören als Heilmittel zu den Zubereitungen im Verzeichnis A Ziffer 9 und sind nicht frei verkäuflich. Gutachten des Sächsischen Landesmedizinalkollegiums vom 28. März 1912.

Zahnwasser, Kothes, ist, da es ein kosmetisches Mittel ist, auch als Heilmittel gegen Zahnschmerzen dem freien Verkehr überlassen. OLG. Köln, 29. August 1906 (85).

Zinkoxydpflaster ist eine Zubereitung gemäß Verzeichnis A Ziffer 10 und außerhalb der Apotheken nicht frei verkäuflich. Gutachten des Sächsischen Landesmedizinalkollegiums vom 28. März 1912.

Zinkpasta ist nur als Heilmittel, nicht als kosmetisches Mittel verwendbar und daher nur in Apotheken verkäuflich. Gutachten des Sächsischen Landesmedizinalkollegiums vom 28. März 1912.

Zinksalbe ist nicht als Kosmetikum anzusehen, sondern lediglich als Heilmittel für Menschen und Tiere. Sie darf außerhalb der Apotheken nur zum Gebrauche für Tiere feilgehalten oder verkauft werden. OLG. Köln, 8. Oktober 1909 (30). Gutachten der Wissenschaftlichen Deputation für das Medizinalwesen vom 23. November 1910 (1911 Nr. 8). — Zinksalbe ist ein für Menschen nur in Apotheken verkäufliches Heilmittel. Gutachten des Sächsischen Landesmedizinalkollegiums vom 28. März 1912. — Zinksalbe als Heilmittel gegen ein offenes Bein ist dem ausschließlichen Vertrieb durch Apotheken vorbehalten, da das Mittel in der Verordnung vom 22. Oktober 1901 nur zum Gebrauch für Tiere freigegeben ist. OLG. Hamburg, 31. Januar 1908. (Med.-A. 1910 S. 536). — Zinksalbe ist auch als Heilmittel gegen Ekzeme und wunde Stellen (Hautkrankheiten von Menschen) wegen ihrer Eigenschaft als kosmetisches Mittel dem Handel freigegeben. Bayer. OLG., 13. April 1907 (39). — Ein Mittel ist ein kosmetisches, wenn es nach der Erfahrung der ärztlichen Wissenschaft und des täglichen Lebens zur Hautpflege usw. verwendbar ist und verwendet wird. Diese Voraussetzungen sind bei einer Zinksalbe gegeben. Bayer. OLG., 3. Mai 1913 (62). — Das Vorhandensein von Zinksalbe in Drogenhandlungen reicht zur Verurteilung nicht aus. Es muß festgestellt werden, daß die Salbe dort auch feilgehalten und als Heilmittel für Menschen verkauft ist. KG. 19. Juli 1905 (58). — Wenn Zinksalbe nicht als Heilmittel, sondern zu kosmetischen Zwecken dienen soll, ist ihr Feilhalten außerhalb der Apotheken nicht strafbar. OLG. Köln, 24. Februar 1911 (46); OLG. Kiel, April 1928 (37). — Eine Bestrafung wegen Feilhaltens von Zinksalbe in Drogenhandlungen kann nur unter der doppelten Voraussetzung erfolgen, daß die feilgehaltene und verkaufte Zinksalbe kein kosmetisches Mittel ist oder doch, wenn sie ein solches ist, einen der nach § 1 Abs. 2 Nr. a der Verordnung vom 22. Oktober 1901 verbotenen Stoffe enthält, und daß die Salbe als Heilmittel für Menschen feilgehalten oder verkauft ist. OLG. Celle, 20. Juni 1911 und 14. November 1911 (Med.-A. 1913, S. 535).

Zinktoilettenkrem als Mittel gegen spröde und rissige Haut ist kein Kosmetikum, sondern ein dem freien Verkehr entzogenes Heilmittel. OLG. Hamm, 4. September 1913 (83). — Zinktoilettenkrem ist ein freigegebenes kosmetisches Mittel. OLG. Breslau, 14. Mai 1912 (56). — Wenn Zinktoilettenkrem in Drogenhandlungen lediglich zu Toilettenzwecken verkauft wird, liegt eine strafbare Handlung nicht vor. OLG. Frankfurt a. M., 28. August 1912.

2. Allgemeine Begriffe.

Arzneimittel und Heilmittel. (§ 1.)

Arzneimittel. Unter Arzneimittel im Sinne der Verordnung vom 22. Oktober 1901 und Arzneien im Sinne des § 367, 3 StrGB. sind (von den Stoffen des Verzeichnisses B abgesehen) nur solche Zubereitungen des Verzeichnisses A zu verstehen, welche arzneilichen Charakter haben, in der medizinischen Wissenschaft als Arzneimittel betrachtet und als solche in den Apotheken geführt werden. Nur solche Zubereitungen sind, wenn sie als Heilmittel feilgehalten oder verkauft werden, den Apotheken vorbehalten. Zubereitungen des Verzeichnisses A, bei welchen dies nicht zutrifft, die in der

Wissenschaft und im Verkehr wesentlich nicht als Arzneimittel, sondern als Mittel zu andern Zwecken, insbesondere als Nahrungs-, Stärkungs- oder Genußmittel betrachtet werden, sind selbst dann nicht als Arzneimittel anzusehen, wenn sie als solche, insbesondere als Heilmittel, angepriesen, feilgehalten oder verkauft werden. KG., 20. September 1909 (Med.-A. 1910 S. 373). — Zu den Arzneimitteln gehören alle Stoffe und Zubereitungen, welche nach der Auffassung der beteiligten Kreise, insbesondere der Hersteller, der pharmakologischen Wissenschaft und des Handels, in der Hauptsache zu arzneilichen Zwecken, insbesondere zur Verhütung und Heilung von Krankheiten und zur Desinfektion bestimmt sind und hierzu regelmäßig verwendet werden. KG. 27. März 1913 (Med.-A. 1913, S. 539); KG. 14. Februar 1928 (45). — Für den Begriff des Arzneimittels ist nicht die objektive Natur des in Betracht kommenden Präparats, sondern einzig und allein seine subjektive Zweckbestimmung maßgebend. KG. 7. Oktober 1930 (83). — Als Arzneien im Sinne des § 367, 3 StrGB. sind nur solche Zubereitungen des Verzeichnisses A der Verordnung vom 22. Oktober 1901 anzusehen, die arzneilichen Charakter haben, in der medizinischen Wissenschaft und im Verkehr als Arzneimittel betrachtet und als solche in den Apotheken geführt werden. KG. 24. Mai 1928 (53). — Unter Arzneien im Sinne des § 367 Nr. 3 des StrGB. sind sowohl die allgemein anerkannten Heilmittel und Heilstoffe als auch diejenigen Zubereitungen zu verstehen, die in dem der Verordnung vom 22. Oktober 1901 beigegebenen Verzeichnisse aufgeführt sind, gleichviel ob sie heilkräftige Stoffe enthalten oder nicht. Alle diese Stoffe und Zubereitungen dürfen als Heilmittel nur in Apotheken feilgehalten oder verkauft werden. § 367 Nr. 3 des StrGB. findet keine Anwendung, wenn die im Verzeichnisse A aufgeführten Zubereitungen als Genußmittel, nicht zu Heilzwecken verwendet werden. Bayer. OLG., 26. August 1914 (77). — Arzneien sind nicht nur solche Stoffe, die von der medizinischen Wissenschaft als zu Heilzwecken dienend anerkannt werden, sondern alle diejenigen, die in einer der im Verzeichnis A zur Verordnung vom 22. Oktober 1901 bezeichneten Formen als Heilmittel dargeboten werden. Bayer. OLG., 10. Februar 1906 (18).

Heilmittel sind, wie der Sprachgebrauch und die im Gesetz enthaltene Begriffsbestimmung ergeben, Mittel, die bewirken sollen, daß ein krankes Lebewesen wieder gesund wird. Dagegen sind Vorbeugungs- oder Verhütungsmittel solche Mittel, die bewirken sollen, daß ein gesundes Lebewesen nicht krank wird. Die Verordnung hat die jetzige Begriffsbestimmung des Heilmittels offenbar zu dem Zwecke gegeben, um Mittel zur Erhaltung und Kräftigung der Gesundheit, sowie Mittel zur Verhütung von Krankheiten von dem Apothekenprivileg auszuschließen. KG. 5. Oktober 1903 (87). — Ein verbotenes „Heilmittel" kann durch einen bloßen Aufdruck an seinem Gefäße nicht zum erlaubten „Vorbeugungsmittel" werden, sofern damit nur der gar nicht vorhandene Wille des Drogisten, sich in den Schranken der Kaiserlichen Verordnung zu halten, vorgetäuscht werden soll. KG. 1. November 1904 (1905 Nr. 40). — Es kann bei der Frage, ob ein Mittel als Heilmittel oder als etwas anderes feilgehalten oder verkauft wird, nicht unter allen Umständen darauf allein ankommen, wie der betreffende Stoff durch Etikett bezeichnet oder bei der Abgabe an das Publikum mündlich charakterisiert wird. Entspricht diese Bezeichnung nicht der wirklichen Absicht und Auffassung des Beteiligten, so ist sie selbstverständlich ohne Bedeutung, wo es auf die Feststellung dieser wahren Absicht und Auffassung ankommt. Denn nicht auf die gebrauchten Redewendungen, sondern auf die Sache, auf den Vertrieb bestimmter Stoffe zum Zwecke der Verwendung als Heilmittel hat die Kaiserliche Verordnung es abgesehen. OLG. Hamburg, 22. Dezember 1905. — Auch wenn man annimmt, daß Vorbeugungsmittel jetzt freigegeben sind, so folgt doch aus der bloßen Bezeichnung einer unter das Verzeichnis A fallenden Zubereitung als Vorbeugungsmittel noch nicht, daß es wirklich auch nur ein solches ist. Daß es aber dem Verbot des Feilhaltens einer solchen Zubereitung als Heilmittel nicht auf die bloße Bezeichnung, sondern nur darauf ankommen kann, ob das angebotene Mittel ein Heilmittel und kein bloßes Vorbeugungsmittel ist, ergibt die einfache Erwägung, daß sonst derjenige straffrei bleiben würde, der eine unzweifelhaft als Heilmittel sich darstellende Zubereitung unter dem Namen eines Verhütungs- oder Vorbeugungsmittels zum Verkauf bringt. Eine fälschliche Bezeichnung kann nicht entschuldigen. OLG. Breslau, 7. April 1908 (KGA. VI S. 448). — Entscheidend für den Heilmittelcharakter einer als Heilmittel den Apotheken vorbehaltenen Zubereitung ist nicht der Packungsaufdruck, sondern die wahre Zweckbestimmung. Ein Drogist ist daher strafbar, wenn er Zubereitungen des Verzeichnisses A als Heilmittel verkauft, auch wenn sie auf der Packung als Verhütungsmittel bezeichnet sind. OLG. Naumburg, 30. Januar 1931 (29). — Für die Entscheidung der Frage, ob es sich um ein Heilmittel oder um ein Vorbeugungsmittel handelt, ist nicht nur der Packungsaufdruck, sondern auch der Inhalt etwa innerhalb der Packung befindlicher Prospekte entscheidend, über den sich der Verkäufer unterrichten muß. OLG. Dresden, Juli 1928 (57). — Für die Entscheidung der Frage, ob eine Zubereitung „als Heilmittel" feilgehalten oder verkauft, angekündigt oder angepriesen ist, kommt es nicht darauf an, ob sie in Wirklichkeit ein Heilmittel ist oder nicht. Auch eine Zubereitung, die weder ein Heilmittel noch ein Vorbeugungsmittel ist, fällt unter die Kaiserliche Verordnung, wenn sie „als Heilmittel" feilgehalten oder verkauft wird. KG. 27. März 1913 (Med.-A. 1913, S. 539); KG. 1. September 1925 (96). — Ein Feilhalten von Arzneimitteln als Heilmittel liegt in Drogenhandlungen auch dann vor, wenn der Verkäufer mit dem dolus eventualis gehandelt hat und damit rechnen mußte, daß die Abnehmer die Mittel nicht nur als Vorbeugungsmittel, sondern auch als Heilmittel verwenden würden. KG. 3. Januar und 8. März 1907 (3 u. 11). — Bei Anwendung des § 1 der Kaiserlichen Verordnung ist nicht entscheidend, ob das Mittel nach Ansicht der Sachverständigen ein Heilmittel ist, sondern ob es als solches feilgehalten oder verkauft wird. Mußte der Verkäufer mit der Möglichkeit rechnen, daß die Abnehmer das Mittel als Heilmittel verwenden würden, so ist das Mittel als Heilmittel verkauft. KG. 14. Februar 1910 (Med.-A. 1910, S. 225). — Sofern die Verkäufer es für möglich halten, daß die Käufer die Absicht haben, die verlangten Mittel als Heilmittel zu verwenden, und sie damit einverstanden sind, ist eine Abgabe als Heilmittel anzunehmen. Es reicht für die Verurteilung der Verkäufer aus, wenn bei ihnen fahrlässige Unkenntnis hinsichtlich der Willensrichtung der Käufer vorgelegen hat. OLG. Stuttgart, 28. September 1927 (1928 Nr. 11 u. 17). — Als Heilmittel werden auch Mittel angepriesen oder verkauft, wenn sie dem Publikum so dargebracht werden, daß dieses in die Meinung versetzt wird, als sollten diese Mittel Heilmittel sein und als seien sie es in der Tat. Der Begriff des Verkaufes „als" Heilmittel schließt gerade im wesentlichen die

Fälle ein, in denen ein Mittel, das tatsächlich ein Heilmittel nicht ist, doch — insoweit unter Irreführung der Patienten — so abgegeben wird, daß sich in dem Patienten die Meinung entwickelt, es sei das Mittel ein Heilnittel. OLG. Dresden, 3. Mai 1911 (Med.-A. 1912 S. 381). — Unter die Heilmittel im Sinne der Kaiserlichen Verordnung sind auch solche Mittel zu rubrizieren, die dazu dienen, einen anormalen Zustand zu beseitigen, ohne daß bereits eine Krankheit ausgebrochen ist. Med.-Koll. der Provinz Schlesien, 5. Februar 1903 (68). — Ein Verkauf nicht freigegebener Zubereitungen als Heilmittel liegt vor, wenn jemand Mittel zur Behandlung bestimmter Leiden gefordert und darauf die betreffenden Präparate erhalten hat. Ob er sie in Wahrheit als Heilmittel oder aber zu anderen Zwecken, etwa zur Herbeiführung eines Strafprozesses, gekauft hat, ist unerheblich. KG. 10. Oktober 1901 (83). — Nur der Verkauf von Heilmitteln als solchen (nicht zu kosmetischen, gewerblichen Zwecken, oder zu Zwecken der Desinfektion oder Krankheitsverhütung) ist verboten. KG. 27. Mai 1907 (Gew.-Arch. VII S. 20). — Der Tatbestand des § 1 der Verordnung vom 22. Oktober 1901 ist noch nicht erfüllt, wenn eine der im Verzeichnis A aufgeführten Zubereitungen außerhalb der Apotheken feilgehalten oder verkauft wird, sondern nur, wenn sie als Heilmittel feilgehalten oder verkauft wird. KG. 4. Mai 1928 (43). — Es ist festzustellen, ob die in Betracht kommenden Mittel als Heilmittel feilgehalten oder verkauft worden sind und ob ein Verschulden des Angeklagten vorliegt. Eine Verurteilung kann nur eintreten, wenn der Angeklagte vorsätzlich oder fahrlässig gehandelt hat. KG. 11. Dezember 1924 (101).

Linderungsmittel sind als Heilmittel im Sinne der Verordnung anzusehen. KG. 8. Juli 1907.

Vorbeugungsmittel. Mittel, die den Zweck haben, Krankheiten nur vorzubeugen, oder natürliche körperliche oder geistige Ermattungszustände zu verhindern oder zu beseitigen, sind keine Heilmittel im Sinne des § 1 der Verordnung. OLG. Breslau, 14. Mai 1912. — Strafbar ist, soweit es sich um die Zubereitungen des Verzeichnisses A handelt, nur die außerhalb der Apotheken erfolgte Abgabe von Heilmitteln, d. h. Mitteln zur Beseitigung oder Linderung von Krankheiten, nicht aber die Abgabe von Vorbeugungsmitteln, d. h. Mitteln, die Krankheiten verhüten sollen. KG. 20. November 1926 (94). — Auch Vorbeugungsmittel gehören zu den Heilmitteln, weil hierunter auch die Mittel zu rechnen sind, die in vorbeugender Weise Krankheiten entgegenwirken sollen. Bayer. OLG., 16. Juli 1911 (57).

Krankheit. (§ 1.)

Krankheit. Als Krankheit im Sinne der Verordnung über den Verkehr mit Arzneimitteln ist jede Abweichung von der Norm zu bezeichnen, die geeignet ist, das Wohlbefinden zu stören. KG. 31. Januar und 2. Mai 1905 (KGA. V S. 475). — Als Krankheit ist anzusehen eine solche Abweichung des Körpers oder einzelner Teile von der Norm, welche die Erhaltung des Organismus und seiner vollkommenen Leistungsfähigkeit zu gefährden droht bzw. wesentliche Störungen des normalen Zustandes oder der Gewebszellen und deren Wechselwirkung untereinander herbeiführt. KG. 8. August 1901. — Krankheit ist derjenige Zustand eines Körperorgans, welcher von der zur Erhaltung des Körpers und seiner völligen Leistungsfähigkeit erforderlichen Beschaffenheit abweicht und auf einer Störung des normalen Zustandes der Gewebszellen und ihrer Wechselwirkung zueinander beruht. KG. 31. März 1910 (Med.-A. 1910 S. 230); KG. 19. September 1910 (Med.-A. 1910 S. 526). — Geringe Abweichungen von der vollkommenen Gesundheit wird man nicht immer schon mit Krankheit bezeichnen können, wohl aber fallen unter den Begriff der Krankheit solche Abweichungen, die in einem anormalen Verhalten einzelner oder aller Organe des Körpers ihren Grund haben, nämlich von dem Verhalten, wie es zur Erhaltung des Organismus und seiner vollkommenen Leistungsfähigkeit erforderlich ist. OLG. Breslau, 14. Mai 1912. Ähnlich Bayer. OLG., 3. Mai 1913 (62). — Krankheit ist nicht nur eine Störung der normalen Funktionen einzelner bzw. mehrerer Organe oder ein Körperschaden, sondern auch eine Störung des allgemeinen Wohlbefindens. Als ein Mangel im Allgemeinbefinden muß es aber angesehen werden, wenn der normale Appetit nicht vorhanden ist. Medizinalkollegium der Provinz Schlesien, 5. Februar 1930 (68).

Appetitmangel ist ein anormaler Zustand. Mittel zur Beseitigung desselben sind Heilmittel im Sinne der Kaiserlichen Verordnung. KG. 4. u. 29. September 1902 (75 u. 81).

Bleichsucht und Blutarmut gehören nicht zu den Krankheiten, sondern zu den Schwächezuständen. OLG. Breslau, 14. Mai 1912.

Fettleibigkeit ist je nach Lage des Einzelfalles bzw. der Zweckbestimmung eines Mittels teils als Krankheit anzusehen, teils nicht. KG. 12. Januar, 16. Februar und 6. Juli 1903 6, 15 u. 56). — Fettleibigkeit ist eine Krankheit. KG. 25. September 1925 (84). — Übermäßige Fettleibigkeit ist als Krankheit anzusehen. KG. 3. Oktober 1907 (81). — Fettleibigkeit ist, wenn sie besonders entwickelt ist, als Krankheit anzusehen. Wenn ein Mittel ohne jede Einschränkung gegen Fettleibigkeit angepriesen wird, dann ist anzunehmen, daß es auch als Heilmittel gegen krankhafte Fettleibigkeit dienen soll. KG. 23. März 1931 (40). — Übermäßige Korpulenz bedeutet nach abendländischen Begriffen einen äußeren Schönheitsfehler, nach dessen Beseitigung die menschliche Eitelkeit verlangt. Auch die Tatsache, daß es sich um Mittel handelt, die entbehrlich sind und überwiegend von den wohlhabenden Klassen gekauft werden, läßt die Entfettungstabletten nicht als Arzneimittel, sondern als Schönheitsmittel erscheinen. Reichsfinanzhof, 17. Dezember 1923 (41).

Flechten sind als äußere Erscheinungsformen krankhafter Störungen im Organismus, mithin als Krankheiten, anzusehen. KG. 20. Februar 1902 (17).

Gliederreißen ist eine Krankheit. KG. 9. Juni 1902 (49).

Haarausfall ist nicht ohne weiteres und nicht immer als Krankheit anzusehen. KG. 10. März 1902 (22). — Haarausfall ist eine Krankheit. KG. 18. Juni 1903 (51).

Kahlköpfigkeit kann zwar die Folge von Erkrankungen des Haarbodens sein, ist aber selbst nur ein Schönheitsfehler und keine Krankheit. Mittel gegen Kahlköpfigkeit sind demnach keine Heilmittel. KG. 2. Oktober 1902 (81). — Kahlköpfigkeit kann eine Krankheit sein. Mittel gegen Kahlköpfigkeit sind Heilmittel, wenn sie gegen jede Art von Kahlköpfigkeit, also auch solche, welche zu den Krankheiten zu zählen ist, empfohlen und abgegeben werden. KG. 10. Dezember 1907 (1908 Nr. 4).

Kopfschmerzen gehören zu den Krankheiten. KG. 12. März 1900.

Kopfschuppen und Schinnen gehören zu den Krankheiten. KG. 16. Dezember 1901.

Magenbeschwerden und Magenleiden sind Krankheiten. KG. 2. Dezember 1901; KG. 8. Dezember 1902 (100).

Magerkeit ist in der Regel nicht eine Krankheit, sondern ein körperlicher Zustand. Mittel gegen Magerkeit sind daher im allgemeinen Schönheitsmittel. OLG. Dresden, 23. Januar 1908 (Med.-A. 1911 S. 377).

Menstruationsstörungen gehören zu den Leiden und Krankheiten. Mittel zur Beseitigung solcher Störungen sind Heilmittel im Sinne der Verordnung. Bayer. OLG., 16. Juli 1911 (57).

Schlechte Blutbeschaffenheit ist als Krankheit im Sinne der Kaiserlichen Verordnung anzusehen. OLG. Köln, 20. Februar und 12. Mai 1906 (KGA. V S. 499 u. 496).

Schweißfuß gehört in der Regel nicht zu den Krankheiten. KG. 5. Mai 1902 (38).

Trunksucht ist zwar gewöhnlich als Laster, unter Umständen aber auch als Krankheit anzusehen. Mittel gegen Trunksucht können daher auch zu den verbotenen Heilmitteln gerechnet werden. KG. 17. Oktober 1901 (85).

Ungeziefer. Das Behaftetsein mit Ungeziefer ist an sich keine Krankheit; wohl aber sind Veränderungen der Haut, die durch Einwirkung solchen Ungeziefers entstehen, als Krankheit anzusehen. KG. 31. März 1910 (Med.-A. 1910 S. 230).

Verdauungsstörung zieht ein körperliches Übel nach sich, kann also ebenfalls als Krankheit angesehen werden. Bayer. OLG., 18. Dezember 1902 (1903 Nr. 9).

Verstopfung kann als Krankheit angesehen werden, da sie unter Umständen geeignet sein kann, das allgemeine Wohlbefinden eines Menschen in recht erheblicher Weise zu stören. KG. 10. März 1905 und 8. Februar 1907 (23); OLG. Dresden, 28. Oktober 1908 (90). — Verstopfung ist eine Krankheit, Abführmittel sind mithin Heilmittel. OLG. Breslau, 7. Juni 1910 (70). — Zu den Krankheiten sind auch Stuhlverstopfungen, jedenfalls, sofern sie einigermaßen erheblich sind, zu rechnen. KG. 14. Februar 1910 (Med.-A. 1910 S. 225). — Für die Frage, ob Verstopfung als Krankheit anzusehen ist, kommt der Grad der Verstopfung und ihre Einwirkung auf den Gesundheitszustand entscheidend in Betracht. OLG. Celle, 7. Januar 1927 (36). — Eine bloße Disposition zur Verstopfung ist noch keine Krankheit. KG. 19. September 1910 (77). — Verstopfung, das Auftreten von Krämpfen und eine schlechte Beschaffenheit des Blutes werden zwar nicht immer und unter allen Umständen als Krankheit zu bezeichnen sein, sie müssen aber stets dann als Krankheiten angesehen werden, wenn sie in so erheblichem Maße auftreten, daß der Erhaltung des Organismus und seiner vollkommenen Leistungsfähigkeit Gefahr droht. Mittel gegen Verstopfung, gegen Krämpfe und gegen schlechte Blutbeschaffenheit sind daher zu den Heilmitteln, d. h. zu den Mitteln zur Beseitigung und Linderung von Krankheiten zu rechnen. OLG. Stuttgart 1915. — Ein Abführmittel ist nicht schlechthin als Mittel zur Beseitigung oder Linderung von Krankheiten anzusehen. OLG. Breslau, 13. Oktober 1914. — Gelegentliche Verstopfung ist nicht unbedingt als Krankheit anzusehen. KG. 9. Juni 1913 (48).

Warzen sind in der Regel keine Krankheit im Sinne der Verordnung, sondern ein Körperschaden. KG. 14. Februar 1910 (15); KG. 16. Dezember 1901. — Warzen für sich allein ohne weitere krankhafte Veränderungen des Organismus können nicht als Krankheit angesehen werden. Bayer. OLG., 3. Mai 1913 (45).

Zahnschmerzen gehören zu den Krankheiten. KG. 12. März 1900.

Feilhalten und Verkaufen. (§§ 1, 2, 2a.)

Feilbieten. Wenn sich die Waren, zu deren Abnahme sich Käufer erboten haben, in so unmittelbarer Nähe befinden, daß sie zur Befriedigung der Kaufwünsche sofort herbeigeholt werden können, dann liegt Feilbieten vor. KG. 22. September 1930 (78). — Zum Feilbieten gehört, daß die betreffenden Waren dem Publikum nicht in Mustern, sondern im Original zum Verkauf vorgezeigt werden. Bayer. OLG. 23. September 1929 (1930 Nr. 5).

Feilhalten ist ein für das Publikum erkennbares Bereithalten und Zugänglichmachen einer Ware zum Verkauf an einem hierzu bestimmten Orte. Auch Aufbewahrung in der Schublade eines im Verkaufsraum befindlichen Schrankes oder in einem mit dem Verkaufsraum in unmittelbarer Verbindung stehenden Nebenraum ist Feilhalten. KG. 25. Juli 1901. — Als „feilgehalten" sind alle Waren anzusehen, deren Vorrätighalten dem kundgegebenen allgemeinen Geschäftszwecke dient. Es ist nicht erforderlich, daß die Räume, in denen die „feilgehaltenen" Waren aufbewahrt werden, dem Publikum zugänglich sind. KG., 30. August 1929 (71). — Eine Ware wird feilgehalten, wenn sie an einer dazu bestimmten und dem Publikum zugänglichen Stelle zum Zwecke des Verkaufes bereitgestellt ist. Es genügt, daß die Ware in den zum Freihalten bestimmten Ort eingebracht und dort in der Absicht des Verkaufes bereitgehalten wird; ein eigentliches Feilbieten wird nicht vorausgesetzt, so daß es der Vornahme besonderer, zum Kauf anregender Handlungen keineswegs bedarf. OLG. Dresden, 4. März 1931 (42). — Von einem Feilhalten kann nur dann gesprochen werden, wenn dem Publikum irgendwie bekannt oder erkennbar war, daß in dem betreffenden Geschäft Gifte und Arzneimittel zum Verkauf bereitgehalten wurden. KG. 6. September 1906 (73). — Als Feilhalten kann nur das nach außen hin sich kundgebende Bereithalten und Zugänglichmachen zum Verkauf angesehen werden. Ein bloßes Vorrätighalten ist kein Feilhalten. KG. 16. Dezember 1901; KG. 23. Oktober 1905; KG. 22. November 1909. — Das Vorrätighalten eines nicht freigegebenen Mittels durch einen Drogisten ist nur dann ein strafbares Feilhalten, wenn seine Verkaufsabsicht für das Publikum in irgendeiner Weise äußerlich erkennbar gemacht ist. OLG. Braunschweig, Oktober 1909 (84). — Das bloße Vorrätighalten eines Heilmittels in einem Drogengeschäft ist noch kein Feilhalten des Mittels. Zum Feilhalten gehört, daß das Mittel in äußerlich erkennbarer Weise zum Verkauf zugänglich gemacht ist. KG. 22. November 1909 (Med.-A. 1910 S. 86). — Unter Feilhalten von Arzneimitteln ist ein dem Publikum erkennbares Bereithalten und Zugänglichmachen zum Verkaufe zu verstehen. Bloßes Ankündigen und Anpreisen von Arzneimitteln ist kein Feilhalten. KG. 19. Februar 1912 (Gew.-Arch. 1913, S. 219). — Eine Strafbarkeit im Sinne des § 367 Nr. 3 StrGB. liegt bereits dann vor, wenn der Händler in einer dem Kauflustigen erkennbaren Weise, auch durch Plakate, Anpreisungen, Aufschriften auf den Umhüllungen usw., erkennbar macht, daß die Ware als Mittel gegen Krankheiten in den Handel gebracht wird, und als solches gekauft und angewendet werden soll. OLG. Düsseldorf Mai 1926 (41)., — Ob das Bereithalten einer Ware zum Verkauf ein Feilhalten darstellt oder nicht, läßt sich nicht nach allgemeinen Regeln entscheiden. Wenn der Verkäufer die zum Verkauf bestimmte Ware so nahe an der Hand hat, daß er sie ohne jeden nennenswerten Zeitaufwand herbeibringen und dem Käufer vorlegen kann, so hält er sie feil. OLG. Braunschweig, 15. Januar 1925 (35). — Vorrätighalten von Arzneimitteln in einem auf dem Hausflur stehenden Schrank ist kein Feilhalten im Sinne der Kaiserlichen Verordnung. OLG. Düsseldorf, 25. August 1911 (72).

Feilhalten als Heilmittel. Zur Feststellung, daß ein Händler eine Zubereitung als Heilmittel feilgehalten hat, reicht der dolus eventualis aus. KG. 17. Februar 1910 (20).

Das Aufsuchen von Bestellungen auf Arzneimittel, die der Betreffende nicht bei sich führt, stellt sich noch nicht ohne weiteres als Feilhalten oder Verkaufen dar. Als Verkäufer erscheint nur derjenige, der Waren gegen Entgeld abgibt. Bayer. OLG., 15. März 1910 (Med.-A. 1911, S. 89). — Ein Verkaufen liegt nur vor, wenn eine Übertragung der tatsächlichnn Verfügungsgewalt stattfindet, nicht aber, wenn (wie beim Aufsuchen von Bestellungen auf Arzneimittel) nur ein schuldrechtlicher Kaufvertrag abgeschlossen wird. Bayer. OLG., 23. September 1929 (1930 Nr. 5). — Das Aufsuchen von Bestellungen auf Arzneimittel im Umherziehen fällt nicht unter des Verbot der § 56 Ziffer 9 Gew. O., das sich nur auf den Ankauf und das Feilbieten von Arzneimitteln im Umherziehen erstreckt. KG., 1. August 1929 (65).

Arzneiabgabe durch Krankenkassen. (§ 2b)

Arzneiabgabe durch Krankenkassen, Vereine usw. Die Verordnung über die Abgabe von dem freien Verkehr entzogenen Arzneimitteln durch Krankenkassen, Vereine usw. vom 27. März 1925 hat keinen neuen Rechtszustand geschaffen, sondern diente lediglich der Beseitigung der in der Rechtsprechung aufgetauchten Zweifel über die Auslegung der älteren Bestimmung. KG. 20. März 1926 (26).

Großhandel und Verkauf an Apotheken. (§ 3.)

Großhandel. Als regelmäßige Merkmale des Großhandels gelten insbesondere, daß Gegenstand der einzelnen Geschäfte eine verhältnismäßig große Warenmenge ist, ferner daß die Ware zum Zweck der Weiterveräußerung oder zum handwerks- oder fabrikmäßigen Verbrauch abgesetzt wird, und zwar gewöhnlich zu einem mit Rücksicht auf die Größe der abgenommenen Menge ermäßigten Preise. Der Absatz an Konsumenten ist, wenigstens der Regel nach, Kleinhandel und kann sich nur ausnahmsweise als Großhandel darstellen. Bayer. OLG., 2. September 1903 (83). — Großhandel im Sinne der Verordnung über den Verkehr mit Arzneimitteln setzt einen Handel zwischen Verkäufer und Zwischenhändler mit größeren Quantitäten voraus. Der Begriff „größere Quantitäten" ist nach den Umständen des Einzelfalles, dem Absatz des Verkäufers, den Preisen usw. zu beurteilen. KG. 14. März 1901 (24). — Ein wesentliches Merkmal des Großhandels, und zwar auch des Großhandels mit Arzneien, ist darin zu erblicken, daß an Zwischenhändler und nicht unmittelbar an Konsumenten zur Befriedigung ihres Gebrauchsbedürfnisses verkauft wird. Insoweit ein Großhändler seine Waren in kleineren dem Bedürfnisse des Käufers angepaßten Mengen unmittelbar zur Gebrauchsverwendung verkauft, betreibt er neben seinem Großhandelsgeschäfte den Kleinhandel und untersteht den für den Kleinhandel maßgebenden Vorschriften. Bayer. OLG. 19. Juni 1909 (KGA. VI S. 476). — Großhandel bedeutet im Gegensatz zu Kleinhandel den Handel, d. h. den Einkauf von Waren in Erwerbsabsicht im großen. Ein Großhandel mit Arzneien wird allerdings hiernach im allgemeinen und in der Regel vorliegen bei einem Handel zwischen Verkäufer und Zwischenhändler, nicht zwischen Verkäufer und Konsumenten mit größeren, d. h. mit solchen Warenmengen, welche von den Konsumenten zur Befriedigung eines augenblicklichen Bedürfnisses nicht gekauft zu werden pflegen. Allein der Absatz an Konsumenten kann sich nach der Besonderheit des Falles auch als Großhandel darstellen, aber dies trifft nicht ohne weiteres bloß deshalb zu, weil der kaufende Konsument mit einer sein augenblickliches Bedürfnis überschreitenden Quantität auch einen künftigen Bedarf seines Haushaltes deckt. OLG. Stuttgart, 1. August 1910 (1911, Nr. 25). — Die Abgabe von Arzneizubereitungen in größeren Quanten an Wiederverkäufer ist Großhandel. OLG. Kiel, 2. Mai 1908 (41); OLG. Karlsruhe, 10. Februar 1927 (95). — Ein Verkauf direkt an Konsumenten ist kein Großhandel. KG. 12. Juni 1902 (51). — Von Großhandel kann nicht schon dann die Rede sein, wenn ein Drogenhändler gelegentlich einmal 6—12 Flaschen verkauft; es kommt für den Begriff Großhandel auf den ganzen Betrieb eines Geschäftes an, vor allem auch darauf, ob die Waren zu Preisen verkauft werden, wie solche im Großhandel gezahlt werden. KG. 26. Februar 1906 (18). — Für den Begriff Großhandel ist in der Regel die Menge der verkauften Ware von Bedeutung. Auch kommt es darauf an, ob das Geschäft zu Großhandelspreisen abgeschlossen und ob die Ware auf Vorrat gekauft, mit ihrem alsbaldigen Absatz also nicht gerechnet worden ist. OLG. Kiel, 20. März 1929 (64). — Zum Begriffe des Großhandels gehört auch bei der Abgabe an Wiederverkäufer, daß es sich um größere, d. h. um solche Mengen handelt, wie sie von Verbrauchern zur Befriedigung eines augenblicklichen Bedürfnisses nicht auf einmal verlangt werden. KG. 26. Mai 1925 (73). — Der Verkauf von drei Flaschen eines Kräuterweines direkt an Konsumenten ist nicht als Großhandel anzusehen. KG. 2. Dezember 1901 (100). — Ob Großhandel vorliegt, ist unter Berücksichtigung der verschiedensten Gesichtspunkte (Zwischenhandel, Preisbemessung, Größe der verkauften Mengen) nach den konkreten Verhältnissen festzustellen. Dabei ist davon auszugehen, daß einmal dasselbe Geschäft einen Großhandel und einen Kleinhandel betreiben kann und daß ein Verkehr, der sich so gestaltet, daß regelmäßig kleinste Quantitäten dem Zwischenhändler zur sofortigen Überführung an den Konsumenten überlassen werden, als Großhandel im Sinne der Kaiserlichen Verordnung nicht mehr angesehen werden kann. OLG. Hamburg, 31. März 1915 (88). — Die Lieferung nicht freigegebener Arzneimittel an Krankenhäuser ist, wenn die gelieferten Warenmengen über den augenblicklichen Bedarf des Krankenhauses nicht hinausgehen, nicht als Großhandel anzusehen. KG. 26. Juli 1927 (64). — Die Abgabe nichtfreigegebener Heilmittel an Krankenhäuser und Kliniken zu Großhandelspreisen und in Großhandelsmengen ist zulässiger Großhandel. KG, 28. Juli 1928 (9). — Die Abgabe von Arzneimitteln an den Vorstand eines biochemischen Vereins für dessen Mitglieder ist kein Großhandel. OLG. Stuttgart, 21. November 1928 (39). — Wenn eine Großdrogenhandlung mit einem Drogisten in regelmäßiger Geschäftsverbindung steht, so ist auch die gelegentliche Abgabe einer Flasche Digalen an ihn als Großhandel anzusehen. OLG. Frankfurt a. M., 17. April 1913 (43). — Wer ein Arzneimittel flaschenweise an Zahnkünstler abgibt, die es bei den einzelnen Zahnleidenden anwenden, treibt nicht Großhandel, weil die Zahnkünstler als Verbraucher, nicht als Wiederverkäufer anzusehen sind. KG. 13. Juni 1907. — Die Freigabe des Großhandels bezieht sich auch auf die Zubereitungen des Verzeichnisses A. OVG. 3. März 1900 (1902, Nr. 3).

Arzneilieferung an Zwischenpersonen. Wenn der Großhändler weiß oder den Umständen nach annehmen muß, daß die Ware von seinem Abnehmer, einem Zwischenhändler, der keine Apotheke betreibt, nur an das allgemeine Verbraucherpublikum abgesetzt werden soll, und wenn er gleichwohl in Ausführung einer den Zwecken der Verordnung zuwiderlaufenden Geschäftsgepflogenheit Stoffe und Zubereitungen, die nur in Apotheken für Verbraucher feilgehalten und an solche verkauft werden dürfen, an Zwischenhändler jener Art in der festgesetzten Weise absetzt, so bedient er sich des Zwischenhändlers gewissermaßen nur als eines lebenden Werkzeuges für den Verkauf an das Verbraucherpublikum. Ein Verkauf an solche Zwischenhändler ist mithin nicht mehr als Großhandel im Sinne von § 3 der Verordnung vom 22. Oktober 1901 zu betrachten. Bayer. OLG. 27. Juli 1926 (1927, Nr. 36) und (ähnlich) 15./29. April 1926 (66) sowie 19. April 1928 (85); OLG. Jena 17. Mai 1929 (71). — Die Überlassung von Waren an Wiederverkäufer ist an sich noch nicht geeignet, die Annahme eines Großhandels zu rechtfertigen. Wenn die Drogenhändler gewußt haben, daß der von ihnen belieferte Hausierer die fraglichen, nicht freigegebenen Heilmittel im Kleinhandel verkaufen werde, liegt in rechtlicher Beziehung Mittäterschaft vor. KG. 27. November 1925 (98). — Ein Fabrikant, der nichtfreigegebene Arzneimittel zum Zwecke des Detailverkaufes außerhalb der Apotheken herstellt und an einen Kaufmann liefert, fördert durch diese Lieferung mit eigenem Tätervorsatz bewußt den unerlaubten Vertrieb und macht sich demnach eines Verstoßes gegen § 367, 3 StrGB. schuldig. OLG. Jena, 6. Januar 1928 (43). — Ein Großhändler, der nichtfreigegebene Arzneimittel in größeren Mengen an einen Wiederverkäufer (Detaildrogist) liefert, macht sich damit nicht der Mittäterschaft an der unerlaubten Abgabe der Mittel durch den Kleinhändler schuldig. OLG. Dresden, 2. November 1927 (1928 Nr. 37); OLG. Kiel 16. Mai 1928, 24. November 1928 (1929 Nr. 8) und 20. März 1929 (64). — Bei Lieferung nicht freigegebener Arzneimittel durch einen Großhändler an einen Kleindrogisten liegt nicht ohne weiteres Mittäterschaft vor. OLG. Königsberg, 13. Januar 1930 (41).

Arzneimittelabgabe an Apotheker. Nur die Abgabe der dem freien Verkehr entzogenen Arzneimittel an Apotheken ist auch in Drogenhandlungen statthaft, nicht der Verkauf an Apotheker. OLG. Kiel, 4. September 1925 (33).

Verzeichnis A.

Zubereitung von Arzneimitteln. Strafbar ist jedes Zubereiten, Feilhalten, Verkaufen oder sonstiges Überlassen an andere, unabhängig davon, ob eine gewerbsmäßige Handlung vorliegt oder nicht. OLG. Dresden, 7. Dezember 1925 (101).

Zubereitungen. Eine Verurteilung wegen der Abgabe apothekenpflichtiger Zubereitungen hat die Feststellung der Ziffern des Verzeichnisses A der Verordnung vom 22. Oktober 1901 zur Voraussetzung, unter die die inkriminierten Zubereitungen zu rechnen sind. OLG. Kiel, Juli 1928 (56). — Es kommt nicht darauf an, ob die im Verzeichnis A genannten Zubereitungen auf mechanisch kaltem Wege oder durch chemischen Prozeß hergestellt sind, ebensowenig ob die verwendeten Stoffe in der ursprünglichen Verfassung geblieben sind oder ob mit ihnen eine chemische Veränderung vorgenommen ist. Denn der § 1 der Verordnung spricht allgemein von „Zubereitungen" und macht keine Unterscheidung in bezug auf die Art und Weise der Herstellung und die Art des Gebrauches. OLG. Breslau, 24. Juni 1902 (63). — Unter den „Zubereitungen" des Verzeichnisses A können nicht chemische Präparate verstanden werden, da die chemischen Präparate nicht Gegenstand des § 1 und des Verzeichnisses A, sondern des § 2 und des Verzeichnisses B sind. „Zubereitungen" im Sinne des § 1 sind vielmehr lediglich die auf physikalischem (mechanischem, pharmazeutischem) Wege hergestellten Mittel. KG. 21. April 1902 (42). — Die allgemeine Fassung des § 1 („Zubereitungen") gibt keinerlei Anhalt dafür, daß durch das Verbot des § 1 nur solche Zubereitungen getroffen werden sollten, die auf eine bestimmte Weise, durch ein bestimmtes Verfahren (auf chemischem Wege, im Gegensatz zum physikalischen) hervorgebracht sind; auch ist kein innerer Grund ersichtlich, weshalb eine Zubereitung, wenn sie auf chemischem Wege gewonnen ist, als Heilmittel soll feilgehalten werden dürfen, nicht aber wenn ihre Gewinnung auf physikalischem Wege stattgefunden hat; entscheidend ist vielmehr lediglich, ob sie auf einer spezifisch pharmazeutischen oder einer ihr ähnlichen Tätigkeit beruht. Voraussetzung für die Anwendung des § 1 ist aber stets, daß die Zubereitung im Verzeichnisse A aufgeführt ist. OLG. Frankfurt a. M., 22. April 1907 (Med.-A. 1910 S. 237). — Bei nicht ausdrücklich in Ziffer 9 des Verzeichnisses A der Verordnung vom 22. Oktober 1901 genannten Zubereitungsformen (z. B. Dragees) ist genau darzulegen, inwiefern sie einen der dort festgelegten Begriffe erfüllen. Dabei ist für den Inhalt dieser der Arzneiwissenschaft entnommenen Begriffe der jeweilige Stand dieser Wissenschaft und die Auffassung der beteiligten Kreise maßgebend. Dagegen ist für eine rechtähnliche Anwendung nach allgemeinen strafrechtlichen Grundsätzen kein Raum. KG. 25. Juni 1926 (54).

Arzneibuch. Die Kaiserliche Verordnung nimmt weder ausdrücklich noch stillschweigend auf das Arzneibuch Bezug. Eine Heranziehung der Bestimmungen desselben zur Auslegung der Verordnung erscheint daher unzulässig. OLG. Posen, 14. August 1899 (1902 Nr. 3). — Die Arzneibücher sind für die Auslegung und Anwendung der Kaiserlichen Verordnung über den Verkehr mit Arzneimitteln nicht maßgebend, einmal weil sie nicht in der für Rechtsvorschriften bestimmten Weise veröffentlicht sind, dann aber, weil sie ganz andere Zwecke verfolgen als die Kaiserliche Verordnung. Das Arzneibuch ist ausschließlich für Apotheken bestimmt und soll die richtige Zusammensetzung, die Reinheit und Brauchbarkeit der dort abzugebenden Mittel gewährleisten, die Kaiserliche Verordnung dagegen will den Verkehr außerhalb der Apotheken regeln. KG. 27. März 1913 und 21. April 1913 (Med.-A. 1913, S. 539 u. 384). — Wenn auch Definitionen des ausschließlich für die Apotheker bestimmten Arzneibuches für die Auslegung der Verordnung vom 22. Oktober 1901 nicht maßgebend sind, da das Arzneibuch nicht in der für Rechtsvorschriften bestimmten Weise veröffentlicht ist und ganz andere Zwecke als die Verordnung verfolgt, so sind seine Definitionen doch zur Auslegung, wie der Verkehr die Zubereitungen zu benennen pflegt, von Bedeutung und in diesem Sinne heranzuziehen. Jedenfalls können aber die in der Verordnung vom 22. Oktober 1901 gebrauchten Bezeichnungen nur nach dem im Jahre 1901 geltenden Sprachgebrauch ausgelegt werden, so daß die in der 6. Ausgabe des Arzneibuches angeführten Erklärungen hier nicht von Bedeutung sein können. OLG. Hamburg, 14. Juni 1928 (56). — Auch in den Polizeiverordnungen über den Betrieb der Drogenhandlungen ist eine Bezugnahme auf das Arzneibuch nicht zulässig, da dieses nicht in der für Polizeivorschriften erforderlichen Art publiziert, mithin für Drogisten nicht gültig ist. KG. 3. Juli 1911 (56); KG. 4. Juli 1912 (57).

Auszüge. Ein lediglich durch Auspressen eines Pflanzenteiles (Knoblauchknollen) erzielter unveränderter Saft ist kein Auszug im Sinne des Verzeichnisses A der Verordnung vom 22. Oktober 1901. KG. 17. April 1931 (32).

Trockene Gemenge. Der Begriff trockenes Gemenge wird dadurch nicht ausgeschlossen, daß die einzelnen trocken gelieferten Bestandteile erst im Wasser aufgelöst werden müssen. Entscheidend ist, daß der Verkäufer die einzelnen trockenen Bestandteile des angeblichen Heilmittels mit der Bestimmung ihrer Vermengung abgegeben hat. Bayer. OLG., 10. Februar 1906 (KGA. V S. 505). — Der Begriff „Gemenge" im Sinne der Ziffer 4 des Verzeichnisses A der Kaiserlichen Verordnung hat zur Voraussetzung, daß mehrere Substanzen gemengt sind. Eine Substanz in zerkleinertem Zustande bildet kein Gemenge. Bayer. OLG., 1. Juni 1907 (KGA. V S. 507). — Unter die trockenen Gemenge von Salzen oder zerkleinerten Substanzen, welche nach Verzeichnis A Ziffer 4 der Verordnung vom 22. Oktober 1901 den Apotheken vorbehalten sind, fällt Kartoffelstärke nicht, da sie von vornherein in Pulverform erscheint, daher nicht als zerkleinert bezeichnet werden kann. KG. 12. November 1906 (92). — Der Drogenhändler muß die Anfertigung eines Rezeptes ablehnen, wenn das Ergebnis seiner Tätigkeit erkennbarerweise ein trockenes Gemenge (von an sich freiverkäuflichen Bestandteilen) darstellen wird, und zwar auch dann, wenn er die Vermengung selbst nicht eigenhändig vornimmt, sondern nur so weit vorbereitet, daß dem Käufer lediglich das Entfernen der Hüllen von den (nach Vorschrift des Rezeptes) abgewogenen und einzeln verpackten Bestandteilen und das mechanische Durcheinandermengen dieser Bestandteile in einem beliebigen Behältnisse übrig bleibt, damit er ein fertiges Gemenge in Händen habe. Hierbei kann der Umstand keine Rolle spielen, ob der Verkäufer die einzelnen Tüten in eine gemeinsame Hülle gesteckt hat oder nicht. OLG. Düsseldorf, 26. Januar 1914 (21).

Zerkleinern im Sinne von Ziffer 4 des Verzeichnisses A der Kaiserlichen Verordnung ist nicht die Abtrennung des arzneilich wirksamen Teils (Blätter, Blüten, Früchte) von den arzneilich nicht wirksamen Teilen (Stamm, Stiel), sondern die Zerlegung der Arzneidrogen in kleinere Bestandteile. KG. 14. Februar 1910 (Med.-A. 1910 S. 225). — Als „zerkleinerte Substanzen" im Sinne des Verzeichnisses A 4 der Verordnung vom 22. Oktober 1901 gelten nicht einzelne, von der ganzen Pflanze abgetrennte heilkräftige Teile wie Blätter, Blüten, Früchte usw., sondern die mechanisch zerkleinerte Arzneidroge selbst. KG. 7. Oktober 1925 (84 u. 92); KG. 9. April 1926 (32).

Flüssige Gemische. Unter Gemischen im Sinne der Ziffer 5 sind nur solche Zubereitungen zu verstehen, die sich im pharmazeutisch-technischen Sinne als Gemische darstellen, nicht aber Rohprodukte, die noch gewisse Verunreinigungen beigemischt enthalten. OLG. Frankfurt a. M., 2. Oktober 1903 (1904 Nr. 22). — Flüssiges Gemisch ist eine Flüssigkeit, die durch Vereinigung mehrerer flüssiger Mittel entstanden ist. Lösung ist eine Flüssigkeit, die durch Auflösung eines festen Körpers in einer Flüssigkeit erzeugt wird. KG. 27. Mai 1907.

Lösung ist ein physikalisches Verfahren, bei welchem durch Zuhilfenahme einer Flüssigkeit feste oder gasförmige Körper in flüssigen Zustand gesetzt werden. Lösungen sind die auf diese Weise hergestellten Mittel. KG. 21. April 1902 (42). — Eine Lösung im Sinne des Verzeichnisses A Nr. 5 der Kaiserlichen Verordnung liegt nur dann vor, wenn durch Zusatz eines flüssigen Bestandteiles ein luftförmiger, fester oder minder flüssiger in flüssigen Zustand übergeführt wird. Der Vorgang bei der Destillation, bei welchem alle Bestandteile zunächst in Dampfform gebracht und dann durch die Abkühlung gleichzeitig wieder flüssig gemacht werden, ist daher „keine Lösung" im Sinne der Nr. 5. KG. 7. Januar 1909 (Med.-A. 1910 S. 232). — Das Wesen einer Lösung im Sinne der Kaiserlichen Verordnung besteht darin, daß ein in nicht flüssigem Zustand befindlicher Körper durch ein zur Flüssigmachung geeignetes Mittel verflüssigt wird. Die Destillation ist begrifflich davon etwas wesentlich Verschiedenes. OLG. Breslau, 13. Juni 1911 (59).

Pastillen. Der Begriff Pastillen ist im Deutschen Arzneibuch ein anderer als in der Kaiserlichen Verordnung. Pastillen im Sinne der Nr. 9 des Verzeichnisses A sind nur solche Zubereitungen, die mindestens eine ebene Grundfläche haben. KG. 21. April 1913 (37). — Für die Frage, ob es sich bei arzneilichen Erzeugnissen um Pastillen im Sinne der Verordnung vom 22. Oktober 1901 handelt, ist lediglich die Erscheinungsform, nicht der Herstellungsweg entscheidend. Die Arzneiwissenschaft und der Sprachgebrauch bezeichnen mit Pastillen eine bildsame Arzneimasse, welche die Gestalt von Scheiben hat. OLG. Hamburg, 14. Juni 1928 (56).

Pflaster und Salben. Unter Pflaster wird entweder eine harte, knetbare Masse verstanden, die meistens in Tafeln oder Stangen oder sonst in Stücke verschiedenster Form gebracht, auf Stoff oder auf ein Gewebe gestrichen wird und dann auf der Haut klebt, oder das aus dem bestrichenen Gewebe bestehende gebrauchsfertige Pflaster, während unter Salbe eine weiche, fett- oder ölartige Masse zum Einreiben oder Aufstreichen verstanden wird. KG. 16. November 1911 (94).

Irrtum über die Freiverkäuflichkeit eines Arzneimittels. Eine von berufener Seite erteilte falsche Auskunft über die Freiverkäuflichkeit eines Mittels kann, falls für den derart Beratenen kein Grund zu der Annahme einer Unrichtigkeit der Auskunft bestand, als Schuldausschließungsgrund anzusehen sein. Bayer. OLG. 4. Dezember 1930 (1931 Nr. 23 u. 42); OLG. Naumburg 1931 (44). — Ein tatsächlicher Irrtum über die Tragweite der Verordnung vom 22. Oktober 1901 ist nun dann rechtlich von Bedeutung, wenn die irrige Auslegung nicht durch die eigene Fahrlässigkeit des Angeklagter verschuldet ist. KG., 5. Mai 1926 (42).

Verzeichnis B.

Stoffe des Verzeichnisses B. Die im Verzeichnis B der Verordnung über den Verkehr mit Arzneimitteln aufgeführten Waren dürfen nach § 2 der Verordnung überhaupt nur in Apotheken feilgehalten oder verkauft werden, gleichviel ob Feilhalten und Verkauf zu Heil- oder zu anderen Zwecken, z. B. zum Zwecke der Ungeziefervertilgung geschieht. KG. 10. Mai 1900 (40).

Zubereitungen der Stoffe des Verzeichnisses B. Bei den Mitteln des Verzeichnisses B ist im allgemeinen nur der Stoff selbst gesperrt, seine chemischen, wie auch seine auf physikalischem Wege hergestellten Zubereitungen sind frei. Dort, wo sich ein Stern im Verzeichnis befindet, sind auch diejenigen chemischen Zubereitungen des Stoffes gesperrt, die als Abkömmlinge oder als Salze des Stoffes oder als deren Abkömmlinge anzusprechen sind, während alle übrigen chemischen Verbindungen und pharmazeutischen Zubereitungen frei sind, und nur dort, wo sich im Verzeichnis der Zusatz befindet „et ejus praeparata“, sind alle (chemischen wie pharmazeutischen) Zubereitungen gesperrt. OLG. Oldenburg, 23. April 1928 (67 u. 72). — Die im Verzeichnis B der Kaiserlichen Verordnung aufgeführten Stoffe sind nur dann, ohne Rücksicht darauf, ob sie als Heilmittel verkauft werden, dem freien Verkehr entzogen, wenn sie unvermischt abgegeben werden. OLG. Köln, 24. Juli 1907. — Zubereitungen, welche Stoffe des Verzeichnisses B der Kaiserlichen Verordnung über den Verkehr mit Arzneimitteln enthalten, sind deshalb nicht ohne weiteres dem freien Verkehr entzogen. Nur die Stoffe selbst sind für den Kleinhandel außerhalb der Apotheken verboten. KG. 16. Dezember 1901 (102); KG. 13. Juni und 6. September 1907 (76); OLG. Kiel, 28. März 1908 (Med.-A. 1910 S. 537).

VI. Vorschriften über den Handel mit Giften.

Bundesratsbeschlüsse vom 29. November 1894, 17. Mai 1901 und 1. Februar 1906. Reichsratsbeschluß vom Dezember 1925. Verordnungen von 1927 und 1931.

§ 1. Der gewerbsmäßige Handel mit Giften unterliegt den Bestimmungen der §§ 2—18.

Als Gifte im Sinne dieser Bestimmungen gelten die in Anlage I aufgeführten Drogen, chemischen Präparate und Zubereitungen.

Aufbewahrung der Gifte.

§ 2. Vorräte von Giften müssen übersichtlich geordnet, von anderen Waren getrennt und dürfen weder über noch unmittelbar neben Nahrungs- oder Genußmitteln aufbewahrt werden.

§ 3. Vorräte von Giften, mit Ausnahme der auf abgeschlossenen Giftböden verwahrten giftigen Pflanzen und Pflanzenteile (Wurzeln, Kräuter usw.), müssen sich in dichten, festen Gefäßen befinden, welche mit festen, gut schließenden Deckeln und Stöpseln versehen sind.

In Schiebladen dürfen Farben, sowie die übrigen in den Abteilungen 2 und 3 der Anlage 1 aufgeführten, festen an der Luft nicht zerfließenden oder verdunstenden Stoffe aufbewahrt werden, sofern die Schiebladen mit Deckeln versehen, von festen Füllungen umgeben und so beschaffen sind, daß ein Verschütten oder Verstäuben des Inhaltes ausgeschlossen ist.

Außerhalb der Vorratsgefäße darf Gift, unbeschadet der Ausnahmebestimmung im Abs. 1, sich nicht befinden.

§ 4. Die Vorratsgefäße müssen mit der Aufschrift „Gift" sowie mit der Angabe des Inhaltes unter Anwendung der in Anlage I enthaltenen Namen, außer denen nur noch die Anbringung der ortsüblichen Namen in kleinerer Schrift gestattet ist, und zwar bei Giften der Abteilung 1 in weißer Schrift auf schwarzem Grunde, bei Giften der Abteilungen 2 und 3 in roter Schrift auf weißem Grunde deutlich und dauerhaft bezeichnet sein. Vorratsgefäße für Mineralsäuren, Laugen, Brom und Jod dürfen mittelst Radier- und Ätzverfahrens hergestellte Aufschriften auf weißem Grunde haben.

Diese Bestimmung findet auf Vorratsgefäße in solchen Räumen, welche lediglich dem Großhandel dienen, nicht Anwendung, sofern in anderer Weise für eine, Verwechslungen ausschließende Kennzeichnung gesorgt ist. Werden jedoch aus derartigen Räumen auch die für eine Einzelverkaufsstätte des Geschäftsinhabers bestimmten Vorräte entnommen, so müssen, abgesehen von der im Geschäfte sonst üblichen Kennzeichnung, die Gefäße nach Vorschrift des Abs. 1 bezeichnet sein.

§ 5. Die in Abteilung 1 der Anlage I genannten Gifte müssen in einem besonderen, von allen Seiten durch feste Wände umschlossenen Raume (Giftkammer) aufbewahrt werden, in welchem andere Waren als Gifte sich nicht befinden. Dient als Giftkammer ein hölzerner Verschlag, so darf derselbe nur in einem vom Verkaufsraum getrennten Teile des Warenlagers angebracht sein.

Die Giftkammer muß für die darin vorzunehmenden Arbeiten ausreichend durch Tageslicht erhellt und auf der Außenseite der Türe mit der deutlichen und dauerhaften Aufschrift „Gift“ versehen sein.

Die Giftkammer darf nur dem Geschäftsinhaber und dessen Beauftragten zugänglich und muß außer der Zeit des Gebrauches verschlossen sein.

§ 6. Innerhalb der Giftkammer müssen die Gifte der Abteilung 1 in einem verschlossenen Behältnisse (Giftschrank) aufbewahrt werden.

Der Giftschrank muß auf der Außenseite der Tür mit der deutlichen und dauerhaften Aufschrift „Gift“ versehen sein.

Bei dem Giftschranke muß sich ein Tisch oder eine Tischplatte zum Abwiegen der Gifte befinden.

Größere Vorräte von einzelnen Giften der Abteilung 1 dürfen außerhalb des Giftschrankes aufbewahrt werden, sofern sie sich in verschlossenen Gefäßen befinden.

§ 7. Phosphor und mit solchem hergestellte Zubereitungen müssen außerhalb des Giftschrankes, sei es innerhalb oder außerhalb der Giftkammer, unter Verschluß an einem frostfreien Orte in einem feuerfesten Behältnisse, und zwar gelber (weißer) Phosphor unter Wasser aufbewahrt werden. Ausgenommen sind Phosphorpillen: auf diese finden diese Bestimmungen der §§ 5 und 6 Anwendung.

Kalium und Natrium sind unter Verschluß, wasser- und feuersicher und mit einem sauerstofffreien Körper (Paraffinöl, Steinöl oder dgl.) umgeben, aufzubewahren.

§ 8. Zum ausschließlichen Gebrauch für die Gifte der Abteilung 1 und zum ausschließlichen Gebrauch für die Gifte der Abteilung 2 und 3 sind besondere Geräte (Wagen, Mörser, Löffel und dergleichen) zu verwenden, welche mit der deutlichen und dauerhaften Aufschrift „Gift" in den, dem § 4 Abs. 1 entsprechenden Farben versehen sind. In jedem zur Aufbewahrung von giftigen Farben dienenden Behälter muß sich ein besonderer Löffel befinden. Die Geräte dürfen zu anderen Zwecken nicht gebraucht werden und sind mit Ausnahme der Löffel für giftige Farben stets rein zu halten. Die Geräte für die im Giftschranke befindlichen Gifte sind in diesem aufzubewahren. Auf Gewichte finden diese Vorschriften nicht Anwendung.

Der Verwendung besonderer Waagen bedarf es nicht, wenn größere Mengen von Giften unmittelbar in den Vorrats- oder Abgabegefäßen gewogen werden.

§ 9. Hinsichtlich der Aufbewahrung von Giften in den Apotheken greifen nachfolgende Abweichungen von den Bestimmungen der §§ 4, 5 und 8 Platz.

(Zu § 4.) Die Bestimmungen im § 4 gelten für Apotheken nur insoweit, als sie sich auf die Gefäße für Mineralsäuren, Laugen, Brom und Jod beziehen. Im übrigen bewendet es hinsichtlich der Bezeichnung der Gefäße bei den hierüber ergangenen besonderen Anordnungen.

(Zu § 5.) Die Giftkammer darf, falls sie in einem Vorratsraume eingerichtet wird, auch durch einen Lattenverschlag hergestellt werden. Kleinere Vorräte von Giften der Abteilung 1 dürfen in einem besonderen verschlossenen und mit der deutlichen und dauerhaften Aufschrift „Gift" oder „Venena" oder „Tabula B" versehenen Behältnisse im Verkaufsraume oder in einem geeigneten Nebenraume aufbewahrt werden. Ist der Bedarf an Gift so gering, daß der gesamte Vorrat in dieser Weise verwahrt werden kann, so besteht eine Verpflichtung zur Einrichtung einer besonderen Giftkammer nicht.

(Zu § 8.) Für die im vorstehenden Absatz bezeichneten kleineren Vorräte von Giften der Abteilung 1 sind besondere Geräte zu verwenden und in dem für diese bestimmten Behältnisse zu verwahren. Für die in den Abteilungen 2 und 3 bezeichneten Gifte, ausgenommen Morphin, dessen Verbindungen und Zubereitungen, sind besondere Geräte nicht erforderlich.

Abgabe der Gifte.

§ 10. Gifte dürfen nur von dem Geschäftsinhaber oder den von ihm hiermit Beauftragten abgegeben werden.

§ 11. Über die Abgabe der Gifte der Abteilungen 1 und 2 sind in einem mit fortlaufenden Seitenzahlen versehenen, gemäß Anlage II[1]) eingerichteten Giftbuche die daselbst vorgesehenen Eintragungen zu bewirken. Die Eintragungen müssen sogleich nach Verabfolgung der Waren von dem Verabfolgenden selbst, und zwar immer in unmittelbarem Anschluß an die nächst vorhergehende Eintragung ausgeführt werden. Das Giftbuch ist zehn Jahre lang nach der letzten Eintragung aufzubewahren.

Die vorstehenden Bestimmungen finden nicht Anwendung auf die Abgabe der Gifte, welche von Großhändlern an Wiederverkäufer, an technische Gewerbetreibende oder an staatliche Untersuchungs- oder Lehranstalten abgegeben werden, sofern über die Abgabe dergestalt Buch geführt wird, daß der Verbleib der Gifte nachgewiesen werden kann.

§ 12. Gift darf nur an solche Personen abgegeben werden, welche als zuverlässig bekannt sind und das Gift zu einem erlaubten gewerblichen, wirtschaftlichen, wissenschaftlichen oder künstlerischen Zweck benutzen wollen. Sofern der Abgebende von dem Vorhandensein dieser Voraussetzungen sichere Kenntnis nicht hat, darf er Gifte nur gegen Erlaubnisschein abgeben.

Die Erlaubnisscheine werden von der Ortspolizeibehörde nach Prüfung der Sachlage gemäß Anlage III[1]) ausgestellt. Dieselben werden in der Regel nur für eine bestimmte Menge, ausnahmsweise auch für den Bezug einzelner Gifte während eines, ein Jahr nicht übersteigenden Zeitraumes gegeben. Der Erlaubnisschein verliert mit dem Ablaufe des vierzehnten Tages nach dem Ausstellungstage seine Gültigkeit, sofern auf demselben etwas anderes nicht vermerkt ist.

An Kinder unter 14 Jahren dürfen Gifte nicht ausgehändigt werden.

§ 13. Die in Abteilung 1 und 2 verzeichneten Gifte dürfen nur gegen schriftliche Empfangsbescheinigung (Giftschein) des Erwerbers verabfolgt werden. Wird das Gift durch einen Beauftragten abgeholt, so hat der Abgebende (§ 10) auch von diesem sich den Empfang bescheinigen zu lassen.

Die Bescheinigungen sind nach dem in Anlage IV[1]) vorgeschriebenen Muster auszustellen, mit den entsprechenden Nummern des Giftbuches zu versehen und zehn Jahre lang aufzubewahren.

---

[1]) Ist hier nicht mit abgedruckt.

Die Landesregierungen können bestimmen, daß die Empfangsbestätigung desjenigen, welchem das Gift ausgehändigt wird, in einer Spalte des Giftbuches abgegeben werden darf.

Im Falle des § 11 Abs. 2 ist die Ausstellung eines Giftscheines nicht erforderlich.

§ 14. Gifte müssen in dichten, festen und gut verschlossenen Gefäßen abgegeben werden; jedoch genügen für feste, an der Luft nicht zerfließende oder verdunstende Gifte der Abteilungen 2 und 3 dauerhafte Umhüllungen jeder Art, sofern durch dieselben ein Verschütten oder Verstäuben des Inhaltes ausgeschlossen wird.

Die Gefäße oder die an ihre Stelle tretenden Umhüllungen müssen mit der im § 4 Abs. 1 angegebenen Aufschrift und Inhaltsangabe sowie mit dem Namen des abgebenden Geschäftes versehen sein. Bei festen, an der Luft nicht zerfließenden oder verdunstenden Giften der Abteilung 3 darf an Stelle des Wortes „Gift" die Aufschrift „Vorsicht" verwendet werden.

Bei der Abgabe an Wiederverkäufer, technische Gewerbetreibende und staatliche Untersuchungs- oder Lehranstalten genügt indessen jede andere, Verwechslungen ausschließende Aufschrift und Inhaltsangabe, auch brauchen die Gefäße oder die an ihre Stelle tretenden Umhüllungen nicht mit dem Namen des abgebenden Geschäftes versehen zu sein.

§ 15. Es ist verboten, Gifte in Trink- oder Kochgefäßen oder in solchen Flaschen oder Krügen abzugeben, deren Form oder Bezeichnung die Gefahr einer Verwechslung des Inhaltes mit Nahrungs- oder Genußmitteln herbeizuführen geeignet ist.

§ 16. Auf die Abgabe von Giften als Heilmittel in den Apotheken finden die Vorschriften der §§ 11 bis 14 nicht Anwendung.

Besondere Vorschriften über Farben.

§ 17. Auf gebrauchsfertige Öl-, Harz- oder Lackfarben, soweit sie nicht Arsenfarben sind, finden die Vorschriften der §§ 2—14 nicht Anwendung. Das gleiche gilt für andere giftige Farben, welche in Form von Stiften, Pasten oder Steinen oder in geschlossenen Tuben zum unmittelbaren Gebrauch fertiggestellt sind, sofern auf jedem einzelnen Stück oder auf dessen Umhüllung entweder das Wort „Gift" bzw. „Vorsicht" und der Name der Farbe oder eine das darin enthaltene Gift erkennbar machende Bezeichnung deutlich angebracht ist.

Ungeziefermittel.

§ 18. Bei der Abgabe der unter Verwendung von Gift hergestellten Mittel gegen schädliche Tiere (sogenannte Ungeziefermittel) ist jeder Packung eine Belehrung über die mit einem unvorsichtigen Gebrauche verknüpften Gefahren beizufügen. Der Wortlaut der Belehrung kann von der zuständigen Behörde vorgeschrieben werden.

Arsenhaltiges Fliegenpapier darf nur mit einer Abkochung von Quassiaholz oder Lösung von Quassiaextrakt zubereitet in viereckigen Blättern von 12:12 cm, deren jedes nicht mehr als 0,01 g arsenige Säure enthält und auf beiden Seiten mit drei Kreuzen, der Abbildung eines Totenkopfes und der Aufschrift „Gift“ in schwarzer Farbe deutlich und dauerhaft versehen ist, feilgehalten oder abgegeben werden. Die Abgabe darf nur in einem dichten Umschlag erfolgen, auf welchem in schwarzer Farbe deutlich und dauerhaft die Inschriften „Gift“ und „Arsenhaltiges Fliegenpapier“ und im Kleinhandel außerdem der Name des abgebenden Geschäftes angebracht ist.

Andere arsenhaltige Ungeziefermittel dürfen nur mit einer in Wasser leicht löslichen grünen Farbe vermischt feilgehalten oder abgegeben werden; sie dürfen nur gegen Erlaubnisschein (§ 12) verabfolgt werden.

Strychninhaltige Ungeziefermittel dürfen nur in Form von vergiftetem Getreide, welches in tausend Gewichtsteilen höchstens fünf Gewichtsteile salpetersaures Strychnin enthält und dauerhaft dunkelrot gefärbt ist, feilgehalten oder abgegeben werden.

Vorstehende Beschränkungen können zeitweilig außer Wirksamkeit gesetzt werden, wenn und soweit es sich darum handelt, unter polizeilicher Aufsicht außerordentliche Maßnahmen zur Vertilgung von schädlichen Tieren, z. B. Feldmäusen, zu treffen.

Gewerbebetrieb der Kammerjäger.

§ 19. Personen, welche gewerbsmäßig schädliche Tiere vertilgen (Kammerjäger), müssen ihre Vorräte von Giften und gifthaltigen Ungeziefermitteln unter Beachtung der Vorschriften in den §§ 2, 3, 4, 7, und, soweit sie die Vorräte nicht bei Ausübung ihres Gewerbes mit sich führen, in verschlossenen Räumen, welche nur ihnen und ihren Beauftragten zugänglich sind, aufbewahren. Sie dürfen die Gifte und die Mittel an andere nicht überlassen.

Anlage I.

Verzeichnis der Gifte[1].

Abteilung 1.

Akonitin, dessen Verbindungen und Zubereitungen,

Arsen, dessen Verbindungen[2]) und Zubereitungen, auch Arsenfarben,

Atropin, dessen Verbindungen und Zubereitungen,

Brucin, dessen Verbindungen und Zubereitungen,

Curare und dessen Präparate,

Cyanwasserstoffsäure (Blausäure) Cyankalium, die sonstigen cyanwasserstoffsauren Salze und deren Lösungen, mit Ausnahme des Berliner Blau (Eisencyanür) und des gelben Blutlaugensalzes (Kaliumeisencyanür[3]),

Daturin, dessen Verbindungen und Zubereitungen,

Digitalin, dessen Verbindungen und Zubereitungen,

Emetin, dessen Verbindungen und Zubereitungen,

Erythrophlein, dessen Verbindungen und Zubereitungen,

Fluorwasserstoffsäure (Flußsäure),

Homatropin, dessen Verbindungen und Zubereitungen,

Hyoscin (Duboisin), dessen Verbindungen und Zubereitungen,

Hyoscyamin (Duboisin), dessen Verbindungen und Zubereitungen,

Kantharidin, dessen Verbindungen und Zubereitungen,

Kolchicin dessen Verbindungen und Zubereitungen,

Koniin, dessen Verbindungen und Zubereitungen,

Nikotin, dessen Verbindungen und Zubereitungen,

Nitroglyzerinlösungen,

Phosphor (auch roter, sofern er gelben Phosphor enthält) und die damit bereiteten Mittel zum Vertilgen von Ungeziefer,

Physostigmin, dessen Verbindungen und Zubereitungen,

---

1) Die in diesem Verzeichnis aufgeführten Drogen, chemischen Präparate und Zubereitungen dürfen nach §§ 12 und 16 der Vorschriften über den Handel mit Giften außerhalb der Apotheken nicht als Heilmittel, sondern nur zu erlaubten gewerblichen, wirtschaftlichen, wissenschaftlichen oder künstlerischen Zwecken gewerbsmäßig abgegeben werden.

Soweit die Stoffe und Zubereitungen in den Verzeichnissen B oder C der Verordnung vom 22. Oktober 1901 (siehe S. 5 und 13) aufgeführt sind, dürfen sie außerhalb der Apotheken im Kleinhandel überhaupt nicht feilgehalten oder verkauft werden. Diese Stoffe und Zubereitungen sind in obigem Verzeichnis durch Unterstreichung kenntlich gemacht.

2) Von den Arsenverbindungen ist Jodarsen laut Verzeichnis B der Verordnung vom 22. Oktober 1901 dem freien Verkehr entzogen.

3) Ein preußischer Min.-Erl. vom 12. Juni 1908 besagt hierzu, daß Rhodanammonium und Rhodankalium zu den Giften im Sinne der Verordnung über den Handel mit Giften nicht gehören.

Pikrotoxin,
Quecksilberpräparate[1]), auch Farben, außer Quecksilberchlorür (Kalomel) und Schwefelquecksilber (Zinnober),
Salzsäure, arsenhaltige[2]),
Schwefelsäure, arsenhaltige[2]),
Skopolamin, dessen Verbindungen und Zubereitungen,
Strophantin,
Strychnin, dessen Verbindungen und Zubereitungen, mit Ausnahme von strychninhaltigem Getreide,
Uransalze, lösliche, auch Uranfarben,
Veratrin, dessen Verbindungen und Zubereitungen.

Abteilung 2.

Acetanilid (Antifebrin),
Adoniskraut,
Äthylenpräparate,
Agaricin,
Akonit-extrakt, -knollen, -kraut, -tinktur,
Amylenhydrat,
Amylnitrit,
Apomorphin,
Belladonna-blätter, -extrakt, -tinktur, -wurzel,
Bilsen-kraut, -samen, Bilsenkraut-extrakt, -tinktur,
Bittermandelöl, blausäurehaltiges,
Brechnuß (Krähenaugen) sowie die damit hergestellten Ungeziefermittel, Brechnußextrakt, -tinktur,
Brechweinstein,
Brom,
Bromäthyl,
Bromalhydrat,
Bromoform,
Butylchloralhydrat,
Calabar-extrakt, -samen, -tinktur,

[1]) Von den Quecksilberpräparaten sind die folgenden laut Verzeichnis B der Verordnung vom 22. Oktober 1901 dem freien Verkehr entzogen: Quecksilberazetat, Quecksilberjodid, Quecksilberbromür, Quecksilberchlorür (Kalomel), Quecksilberzyanid, Quecksilberformamid, Quecksilberjodür, ölsaures Quecksilber, gelbes Quecksilberoxyd, Quecksilberpeptonat, weißes Quecksilberpräzipitat, Quecksilbersalizylat, Quecksilbertannat, Quecksilberlaktat, Sozojodol-Quecksilber.

[2]) Anmerkung: Salzsäure und Schwefelsäure gelten als arsenhaltig, wenn 1 ccm der Säure, mit 3 ccm Zinnchlorürlösung versetzt, innerhalb 15 Minuten eine dunklere Färbung annimmt.

Bei der Prüfung auf den Arsengehalt ist, sofern es sich um konzentrierte Schwefelsäure handelt, zunächst 1 cmm durch Eingiessen in 2 ccm Wasser zu verdünnen und 1 ccm von dem erkalteten Gemische zu verwenden. Zinnchlorürlösung ist aus 5 Gewichtsteilen kristallisiertem Zinnchlorür, die mit 1 Gewichtsteile Salzsäure anzurühren und vollständig mit trockenem Chlorwasserstoffe zu sättigen sind, herzustellen, nach dem Absetzen durch Asbest zu filtrieren und in kleinen, mit Glasstopfen verschlossenen, möglichst angefüllten Flaschen aufzubewahren.

Cardol,
Chloräthyliden, zweifach,
Chloralformamid,
Chloralhydrat,
Chloressigsäuren,
Chloroform,
Chromsäure,
Kokain, dessen Verbindungen und Zubereitungen,
Convallamarin, dessen Verbindungen und Zubereitungen,
Convallarin, dessen Verbindungen und Zubereitungen,
Elaterin, dessen Verbindungen und Zubereitungen,
Erythrophleum,
Euphorbium,
Fingerhut-blätter, -essig, -extrakt, -tinktur,
Fluorwasserstoffsaure (flußsaure) Salze, neutrale, lösliche und deren Zubereitungen,
Fluorwasserstoffsaure (flußsaure) Salze, saure, und deren Zubereitungen, ausgenommen Stifte, die den Anforderungen an die Position „Fluorwasserstoffsaure (flußsaure) Salze, saure, in Form von Stiften . .“ der Abteilung 3 entsprechen (siehe dort),
Gelsemium-wurzel, -tinktur,
Giftlattich-extrakt, -kraut, -saft (Laktukarium),
Giftsumach-blätter, -extrakt, -tinktur,
Gottesgnaden-kraut, -extrakt, -tinktur,
Gummigutti, dessen Lösungen und Zubereitungen,
Hanf, indischer, -extrakt, -tinktur,
Hydroxylamin, dessen Verbindungen und Zubereitungen,
Jalapen-harz, -knollen, -tinktur,
Kieselfluorwasserstoffsäure (Kieselflußsäure), deren Salze und Zubereitungen,
Kirschlorbeeröl,
Kodein, dessen Verbindungen und Zubereitungen,
Kokkelskörner,
Kotoin,
Krotonöl,
Morphin, dessen Verbindungen und Zubereitungen,
Narcein, dessen Verbindungen und Zubereitungen,
Narkotin, dessen Verbindungen und Zubereitungen,
Nieswurz (Helleborus), grüne, -extrakt, -tinktur, -wurzel,
Nieswurz (Helleborus) schwarze,-extrakt,-tinktur,-wurzel,
Nitrobenzol (Mirbanöl),
Opium und dessen Zubereitungen, mit Ausnahme von Opiumpflaster und -wasser,
Oxalsäure (Kleesäure, sogenannte Zuckersäure),
Paraldehyd,
Pental,
Pilokarpin, dessen Verbindungen und Zubereitungen,

Sabadill-extrakt, -früchte, -tinktur,
Sadebaum-spitzen, -extrakt, -öl.
Sankt Ignatius-samen, -tinktur,
Santonin,
Scammonia-harz (Scammonium), -wurzel,
Schierling (Konium) -kraut, -extrakt, -früchte, -tinktur,
Senföl, ätherisches,
Spanische Fliegen und deren weingeistige und ätherische Zubereitungen,
Stechapfel-blätter, -extrakt, -samen, -tinktur — ausgenommen zum Rauchen oder Räuchern,
Strophanthus-extrakt, -samen, -tinktur,
Strychninhaltiges Getreide,
Sulfonal und dessen Ableitungen,
Thallin, dessen Verbindungen und Zubereitungen,
Thalliumverbindungen und deren Zubereitungen, mit Ausnahme solcher, die den Anforderungen an die Position ,,Thalliumhaltige Zubereitungen . .“ der Abteilung 3 entsprechen (siehe dort),
Urethan,
Veratrum (weiße Nieswurz) -tinktur, -wurzel,
Wasserschierling-kraut, -extrakt
Zeitlosen-extrakt, -knollen, -samen, -tinktur, -wein.

Abteilung 3.

Antimonchlorür, fest oder in Lösung,
Baryumverbindungen außer Schwerspat (schwefelsaurem Baryum),
Bittermandelwasser,
Bleiessig,
Bleizucker,
Brechwurzel (Ipecacuanha) -extrakt, -tinktur, -wein,
Farben, welche Antimon, Baryum, Blei, Chrom, Gummigutti, Kadmium, Kupfer, Pikrinsäure, Zink oder Zinn enthalten, mit Ausnahme von Schwerspat (schwefelsaurem Baryum), Chromoxyd, Kupfer, Zink, Zinn und deren Legierungen als Metallfarben, Schwefelkadmium, Schwefelselenkadmium, Schwefelzink, Schwefelzinn (als Musivgold), Zinkoxyd, Zinnoxyd,
Fluorwasserstoffsaure (flußsaure) Salze, saure, in Form von Stiften mit einem Höchstgewichte von 8 g und einem Höchstgehalte von 50 p. c. saurem flußsauren Salze, soweit diese in geschlossenen Behältern mit der Aufschrift ,,Gift“ zur Abgabe an das Publikum

gelangen und sofern die Packungen außerdem folgenden Anforderungen entsprechen:

1. Die Stifte müssen an ihrem unteren Ende mit dem Behälter fest verbunden sein;
2. die Behälter dürfen keine reklamehaften Aufdrucke und reklamehaften Bilder aufweisen;
3. die Packungen sind mit einer Gebrauchsanweisung zu versehen, die den Vermerk „Vorsicht! Stift nicht anlecken!" tragen muß.

Goldsalze,

Jod und dessen Präparate,[1]) ausgenommen zuckerhaltiges Eisenjodür und Jodschwefel,

Jodoform,

Kadmium und dessen Verbindungen, auch mit Brom oder Jod,

Kalilauge, in 100 Gewichtsteilen mehr als 5 Gewichtsteile Kaliumhydroxyd enthaltend,

Kalium,

Kaliumbichromat (rotes, chromsaures Kalium, sog. Chromkali),

Kaliumbioxalat (Kleesalz),

Kaliumchlorat (chlorsaures Kalium),

Kaliumchromat (gelbes chromsaures Kalium),

Kaliumhydroxyd (Ätzkali),

Karbolsäure, auch rohe, sowie verflüssigte und verdünnte, in 100 Gewichtsteilen mehr als 3 Gewichtsteile Karbolsäure enthaltend,

Kirschlorbeerwasser,

Koffein, dessen Verbindungen und Zubereitungen,

Koloquinthen-extrakt, -tinktur,

Kreosot,

Kresole und deren Zubereitungen (Kresolseifenlösungen, Lysol, Lysosolveol usw.)[2]) sowie deren Lösungen, soweit sie in 100 Gewichtsteilen mehr als 1 Gewichtsteil der Kresolzubereitung enthalten,

Lobelien-kraut, -tinktur,

Meerzwiebel-extrakt, -tinktur, -wein,

Mutterkorn-extrakt (Ergotin),

Natrium,

Natriumbichromat,

Natriumhydroxyd (Ätznatron, Seifenstein),

Natronlauge, in 100 Gewichtsteilen mehr als 5 Gewichtsteile Natriumhydroxyd enthaltend,

---

[1]) Von den Jodpräparaten sind die folgenden laut Verzeichnis B der Verordnung vom 22. Oktober 1001 dem freien Verkehr entzogen: Sozojodolsäure und ihre Salze, Äthyljodid, Wismutoxyjodid, Airol, Aristol, Europhen, Jodol, Jodoform, Kaliumjodid, Losophan, Natriumjodid, Nosophen nebst Salzen und Derivaten, Bleijodid; ferner auch die beiden nicht zu den Giften gehörenden: zuckerhaltiges Eisenjodür und Jodschwefel.

[2]) Creolin ist nach einem preußischen Min.-Erl. vom 6. April 1906 nicht als Kresolzubereitung anzusehen.

Paraphenylendiamin, dessen Salze, Lösungen und Zubereitungen,

Phenacetin,

Pikrinsäure und deren Verbindungen,

Quecksilberchlorür (Kalomel),

Salpetersäure (Scheidewasser), auch rauchende,

Salzsäure, arsenfreie[1]), auch verdünnte, in 100 Gewichtsteilen mehr als 15 Gewichtsteile wasserfreie Säure enthaltend,

Schwefelkohlenstoff,

Schwefelsäure, arsenfreie[1]), auch verdünnte, in 100 Gewichtsteilen mehr als 15 Gewichtsteile Schwefelsäuremonohydrat enthaltend,

Silbersalze[2]), mit Ausnahme von Chlorsilber,

Stephans (Staphisagria)-körner,

Thalliumhaltige Zubereitungen, soweit diese in 100 Gewichtsteilen höchstens 3 Gewichtsteile lösliche Thalliumsalze enthalten, dauerhaft gefärbt sind und in festen, geschlossenen Behältnissen mit der Aufschrift „Gift" und mit einer Belehrung gemäß § 18 Abs. 1 versehen zur Abgabe an das Publikum gelangen.

Zinksalze[3]), mit Ausnahme von Zinkkarbonat,

Zinnsalze.

---

1) Anmerkung: Siehe Anmerkung zu Abteilung 1.

2) Von den Silbersalzen sind die folgenden laut Verzeichnis B der Verordnung vom 22. Oktober 1901 dem freien Verkehr entzogen: Actol, Argentamin, Argentol, Argonin, Itrol, Largin, Protargol, Silberlaktat.

3) Von den Zinksalzen sind die folgenden laut Verzeichnis B der Verordnung vom 22. Oktober 1901 dem freien Verkehr entzogen: Zinkazetat, reines Zinkchlorid, Zinkzyanid, Zinkpermanganat, Zinksalizylat, ichthyolsulfosaures Zink, reines Zinksulfat, sulfophenolsaures Zink, baldriansaures Zink, milchsaures Zink, Sozojodol-Zink.

Sachverzeichnis.

(Die Zahlen bezeichnen die Seiten.)